未知なる世界

井上 隆雅
Inoue Takamasa

風詠社

まえがき

本書『未知なる世界』は、はじめは『宗教と科学』というタイトルにするつもりだった。

人類の歴史で言えば、宗教と科学とでは宗教のほうが古いが、自然の存在はもっと古い。

一説では、１３８億年前に「宇宙は始まった」と言うが、星々を造り出す物質（宇宙ガス）は、それ以前からあった。

元々の材料がないと、太陽も地球もできない。

人類は、この太陽系ができて47億年も経ってから、やっとこの地球上に出現した。

「元々の材料は、神が造った」と言うのは、宗教だ。

「元々の材料は、どうしてできたのか」と、状況や物質を調べて解明していくのが、科学だ。

私たちは、宗教を信じるのか、科学を信頼するのか、それとも両者を信じるのか。

いずれにせよ、私たちは真理を求め、正しいほうを選ばなければいけない。

未知なる世界 ◉ 目次

第1章　宗教の原点

地球の歴史

私たちが住んでいる地球が誕生して45億4000万年という。

宇宙の誕生は、学説によると138億年前に、「ビッグバン」によって形成が始まったという。

宇宙を形成する星々は、ビッグバンという大爆発によって誕生したというのだが、私は半信半疑なのだ。

なぜか。

一体、何が爆発したの？　なんで爆発したの？　爆発した物はどのように製造されたの？と いう疑問があるからだ。

さて、地球誕生から人類誕生までの概論を、学説にそって書いてみると、次のようになる。

太陽と同じように高温だった地球は徐々に冷却され、表面の地殻が形成され、41億年前に陸と海が形成される。

実は、これが生命の誕生にとって重大なきっかけとなる。

39億年前、原始生命が誕生する（おそらく菌のような生物か）。35億年前、バクテリアが誕生する。27億年前、光合成をするシアノバクテリア（ラン藻）が誕生し、酸素の放出を始める。

26億年前、火山活動による大陸の成長が進む。24億年前、氷河期が到来。22億年前、細胞に核を持つ真核生物が誕生する。21億年前、酸素が増加してくる。19億年前、超大陸「ヌーナ」が形成された後に分裂が進み、その後、陸は分裂と集合を繰り返す。12億年前、多細胞生物が出現する。６億年前、オゾン層が形成される。５億３０００万年前、魚類が出現するが、人類の原点という学説もある。４億年前、魚類から両生類が分化して上陸し、３億５０００万年前、両生類から爬虫類が分化する。２億５０００万年前、恐竜が出現して、最初の哺乳類「アデロバシレウス」も出現するが、これが人類の先祖に当たるのだろうか。

人類の出現

人類は、猿から進化して、ゆっくりと「人類」と呼ばれるようになってきたことは定説になっている。

だが、いつ頃「人類」と呼ばれる生物になったかは、万単位の昔の話なので、実際のところ学界でもわかっていない。

人類誕生について、その概論を学説にそって書いてみると、次のようになる。

３０００万年前、尾なし猿が出現。１７００万年前、大型の猿が出現、これが人科（ヒト科）と呼ばれる哺乳類に属する動物で、ゴリラ、オランウータン、チンパンジーなどがそうだ。

７００万年前、ヒト亜族とチンパンジー亜族に分岐したと考えられている。

そして、１３０万年前に「原人」に進化した。

主な原人は、ジャワ原人（１８９１年、ジャワ島で発見された１７０万年前の原人）、北京原人（北京近郊で発見された化石化した人骨で70万年前の原人）、ネアンデルタール人（イタリアなどで４万年前まで石器文化を持っていた原人）だ。

尚、年代の数字は学説によって多少差異があることを了解願う。

最初のヒト属がいつ頃出現したかは、よくわかっていない。が、現代に通じるホモ・サピエンス（考える人）は、10万年ほど前にアフリカで誕生して世界中に広がっていったという説が有力だ。

また、「イブ仮説」というのは、現代人の細胞内のミトコンドリアＤＮＡを調べた結果、現代人の祖先はアフリカのたった一人のホモ属（メス）から増えていった、という説だ。

人類の進化

万単位の年月をかけて、猿から進化してきたであろう人類は、頭を使う動物になっていったことは、全動物の頂点に立った事実からみても、明白だ。

「脳が発達して」と書く学者は多いが、ああでもないこうでもないと頭を使ったからこそ、脳が発達したと推定できる。

人類は、考える動物、常に頭を使う動物になったことから、

（１）道具を作り、それを使う。

（２）言語を発する。

（３）絵を描く。

（４）文字を考え、それを使う。

（５）火を使う。

というようなことができるようになったと、学説で語るわけだが、この内、言語を発するのは、イルカのように他の多くの動物もできるようだ（イルカは人に近い言語能力を持っているのだという）。

右記、（１）～（５）のほか、水を使って植物を栽培する、服を着る、家を造って住む、というようなことが、人類の進化の過程と言えるだろう。

ネアンデルタール人は、原人の段階で石器文化を形成していたことは、すでに書いたが、世界最古の壁画は、３万６０００年前にフランス南東部ローヌ・アルプ地方にあるショーヴェ洞窟で描かれた。

世界最古の文字は、紀元前３２００年前にメソポタミア文明のウルクの遺跡から出土した粘土板に刻まれた絵文字だ。

宗教の起源

では、人類はいつ頃から宗教というものを持ち始めたのだろうか。

この問題に対する答えも、やはり人類が頭を使ったというところが起点になっているようだ。

私は、猿類のような少し知能のある動物が、子供が死んだりすると、奇妙な声を出す映像を見たことがあるが、それが「死」を認識しているのかどうか、微妙なところだ。

人類は、頭を使い脳の能力も高くなっていって、死を認識できるようになった。死を認識できるのは、今のところ人類だけだ。
（１）人類は知能が発達した。
（２）死を認識できるようになった。
ここから、「宗教」と言える段階になるまでに、百・千の単位で年月が流れたものと推定される。

死を認識した人類は、人の死を悲しみ、死者を敬うようになったと推定できる。

それは、おそらく子供が親の能力や苦労に対して、尊敬の念を持つようになったからだろう。

死者を敬うと、次は死者を拝む、大切に弔うという順で進歩していったと推定できる。

では、「人間には、肉体以外に霊がある」という思考は、いつ頃から発生したのだろうか。

この質問に対する答えは、学者諸氏もわからないので、私にわかるはずがない。

そもそも、どこからが宗教と言えるのか、とてもむずかしい問題だ。

私は、死者を敬い、拝むようになった段階で、宗教の起源と思うのだが、霊の存在を思考し始めた段階で、宗教の起源とするのも一説だ。

人類は、人間だけでなくすべての動物とすべての植物に霊があると考えるようになった。

生物だけでなく、石など物体にも霊が宿る、という思考も持つようになったが、これを「アニミズム」と言う。

では、神の存在を思考するようになったのは、いつ頃からなのか、これもまたとてもむずかしい問題だ。

そもそも、神とは何かという問題がある。

私は、人類がよく考える動物になったために、知恵を持つようになり、霊の存在や神の存在を思考するようになった、と考えている。

神とは、人間を超越した力、またその力を持つ者のことだ。

確かに、太陽について言えば、人間を超越した力を感じるのは、私一人だけではないだろう。

神の存在を一番感じる存在だ。

おそらく、原始人も古代人も、光り輝く太陽には驚きと畏怖の念を持っていたことだろう。

神の存在を思考したと言うよりも、神の存在を体全体で感じたと言うほうが、正論かも知れない。

だが、悲しいことに、霊の存在や神の存在という思考が、尊い人命をなくすことになっていった。

人命の損失

世界のあちこちで栄えた多くの文明の中で、霊の存在や神の存在がなく宗教を持たなかった、というような文明社会はなかったようで、どの文明も宗教を持っていた。

だが、これが掛替えのない人命を無くすことになった。つまり生贄（いけにえ）の思想が生まれたのだ。

生贄とは、神に人命を捧げることだ。

少し例をあげてみよう。

１４２８年頃から１５２１年まで、メキシコ南部で栄えた国家・アステカ帝国では、「太陽は消滅する」という終末信仰が定着していた。

そのため、人身御供の神事がよく行われ、人の新鮮な心臓を神に捧げた。

雨乞いや豊穣（作物がよく穫れること）を祈願する時も、この神事が行われた。

太陽は消滅するという発想自体は、「当たらずとも遠からず」なのだ。仏教の根本教理「色即是空」に通じるところがある。

現代の地球物理学のレベルによると、太陽はあと11億年～50億年の間に消滅するのが有力な学説となっている。

当時のアステカの人達は、太陽があとどれくらい持続するのか、わからなかったのは、当然のことだ。

よって、神に、人間の心臓を供え続ければ、それは遅くなると考えていた。

また、一説にはアステカでは万単位で人が殺されて、生贄にされたという説もある。

南アメリカのインカ帝国でも、神に人命を捧げる生贄があった。

１９９９年、アルゼンチンのジュージャイジャコ火山（１６７９ｍ）の山頂で、女の子のミイラ３体が発見された。

学説によると、生贄の儀式「カパコチャ」で生き埋めにされた。その目的は息災だ。

つまり、地震、落雷、大雨、少雨などの自然災害が起きないように、神に人命を捧げたのだ。

インカ帝国では、生贄にされる人は「太陽の乙女」と呼ばれ、生まれた時から特別に養育された。

それにしても、生き埋めはつらいものだろう。

研究した学者によると、太陽の乙女たちは、小さい時から大麻とアルコールを給与され、それを摂取することで普通でない精神状態を作り出すらしい。

概論を言えば、世界のどの文明も「神の存在」を感知し、思考していた。

太陽に関しては、太陽そのものを神とした文明もあったし、太陽が神によって左右されると考えた文明もあった。

どの民族も、息災と豊穣を神に祈願し、何かあれば神に生贄を捧げた。

ちなみに、日食や月食などの自然現象は、なぜ起こるのかわからなかったようで、多くの文明では「神の怒り」とされていた。

しかし、中国では紀元前２０００年以前から日食の予報が行われていたようで、『書経』という書物に、酒に酔った司天官が予報を怠って処刑された話が記されているが、学者の研究によると該当する日食がないようだ。

さて、日本における生贄の実体はどうだったのか。

日本書紀によると、皇極（こうぎょく）天皇元年（６４２年）に雨乞い儀式の中で牛馬を生贄に捧げた記録がある。

天長元年（８２４年）に、弘法大師（空海―７７４~８３５年）が京都の神泉苑で祈雨の法を修したが、仏法により生贄を捧げるようなことはしなかった。

近年まで行われていた長野県の諏訪大社の蛙狩神事は、豊穣を祈る儀式として蛙を矢でもって射抜き、生贄として蛇神に捧げる。

これが、動物虐待と批難されているが、神道の神社では古くから鯉を切って神様にお供えしているのに、これと言った批判もなかった。

このように、人類は神の存在を感知し、思考したために、人類自身とその他の動物たちが殺されて、その生命を無くす結果になったが、愚か者の人類は「信仰する神が違う」ことで、さらなる殺人を犯す歴史をつくってしまった。

第2章　中世ヨーロッパのキリスト教団

異端者をめぐって

宗教と物理学・天文学などとのかかわりを示す良い例として採り上げられるのが、ガリレオ・ガリレイ（１５６４年～１６４２年）とキリスト教団との対立だ。

ガリレオ・ガリレイは、ポーランド出身の天文学者ニコラウス・コペルニクス（１４７３年～１５４３年）が提唱した「地動説」を支持して、キリスト教会から異端者とみなされたイタリアの物理学者・天文学者で、その業績から「天文学の父」と称された偉人である。

異端とは、それぞれの時代において正統と認められない思想、信仰、学説などのことを言う。

特に、中世ヨーロッパにおいては、ローマ・カトリックの教義と異なることを主張した者は、異端者とみなされて裁判にかけられて、有罪となった場合は、死刑の可能性がある。

当時の地動説は、地球と惑星とが太陽の周囲を回転するという説だった。

ニコラウス・コペルニクスは、「天球の回転について」という論文を書き上げていたが、異端視されるのが怖くて公表する勇気はなかった。

それは、当時の神職者たちは地球中心説を信じており、大地は動かず太陽やその他の星々が動いていると信じていた。

私が思うに、当時の神職者たちは聖書だけを信じ、「物事の真理を追求しよう」という気持ちも能力もなかったようだ。

さらに、既得権と社会的地位にどっぷりとつかっている状態だった。

Ａ・Ｄ・ホワイト著の『科学と宗教との闘争』という本に、当時の神職者の名前と言動が書いてある。

神父カッチニは、「幾何学は悪魔のもの、数学者はあらゆる異端の張本人として放逐せよ」と主張した。

神父ロリニは、地動説が異端的であるばかりでなく、無神論的であることを証明し、異端審問の干渉を要求した。

フェゾーレの司教は、激怒してコペルニクス説を罵倒し、ガリレオの告発を大公に進言した。

ピサの大司教は、ひそかにガリレオを捕えてローマの異端審問に引渡そうとした。

フィレンツェの大司教は、コペルニクスとガリレオの理論を聖書に反するものだと、正式に判定した。

しかし、ガリレオの敵として現われたはるかに恐ろしい相手は、もっとも偉大な神学者にしてもっとも憐れむべき科学者ベラルミーノ枢機卿であった。彼は真摯・誠実・博学ではあったが、聖書の字義的解釈を科学に適用するという恐ろしい過誤を世界に対して犯したのである。

私が思うに、当時の神職者はすでに書いたように真理を探究しようという気がないことと、自分たちの保身にやっきになっているようだ。さらに、キリスト教団にはコペルニクスやガリレオのような賢人はいなかったようだ。

ガリレオ・ガリレイの場合は、キリスト教に反する思想・信条を持った者として、1616年、第1回異端審問所審査で、ローマ教皇庁邪聖省から「地動説を唱えないように」と厳重注意処分となった。

しかし、1633年、第2回異端審問所審査では有罪判決が出され、終身刑を言い渡された。1637年、ガリレオ・ガリレイは長年の心労のためか失明したが、牢獄の中で言ったとされる「それでも地球はまわる」との言葉は、日本でも有名な伝説として現在も人々に語り継がれている。

この言葉は史実であるかどうかは定かではないが、現代に生きる人々がこの言葉に感動するのは、「真理を探究することは大事だ」と多くの人たちが思っているからだ。

福知 怜著の『ダ・ヴィンチの暗号99の謎』という本によると、12世紀フランスのラングドック地方のレンヌ・ル・シャトーという小さな町を中心に、異端思想が広まっていた。

これが、カタリ派という人たちで、小さな町のすべての人たちがそうであった。

キリスト教では「神は全能」と考えているが、カタリ派は「神は全能ではない」と考えた。

世の中には、善行と悪行とがある。神は善行を司るが悪行を含めた別の神「世界の王」もいると考えた。

これは二神教になり、キリスト教ローマ教皇庁にとっては、確実に異端者となる。

そこで、教皇庁はカタリ派に説得や脅迫を試みたが、まったく信念を変えなかったため、ついに弾圧を開始した。

バチカンの教皇庁は、十字軍でもってカタリ派に攻撃を開始した。

十字軍とは、中世ヨーロッパのキリスト教カトリック教会の諸国が、聖地エルサレムをイスラム諸国から奪還することを目的に派遣する遠征軍のことだ。

これ以外に、キリスト教にとっての異端者に対して派遣する遠征軍「アルビジョア十字軍」があった。

このアルビジョア十字軍が、カタリ派の人たちと、そうでない人たちをも虐殺したのだ。

「とりあえず、皆殺しにすれば、あとは神がカタリ派かどうか判断する」という、とんでもない論理だ。

虐殺とは、残酷な方法で殺すこと、むごたらしく殺すこと、多くの人々を殺すことだ。

カタリ派のような集団でなくとも、個人的にも宗教裁判で異端者に認定されると、死刑にされた。

それ故に、ニコラウス・コペルニクスも堂々と地動説を公表することがむずかしかったわけだ。

魔女狩り

中世ヨーロッパのキリスト教団の野蛮な行為は、異端と十字軍にとどまらず、さらに魔女狩りへと拡大する。

魔女とは、超自然的な力で人間や家畜に害を及ぼす女性、または妖術を操る者、または悪魔と性関係を結び、不思議な呪法を行う女性のことだ。

しかしながら、悪魔とは何か、本当にいるのか。妖術とはどんなものか、呪法とはどのようなものか、現代にあってその実体を知る人はまずいない。

ともあれ、「おまえは魔女だ」と宣告されて、裁判で有罪にされた人が6万人いた歴史を、私たち人類は深刻に受け止めなければいけない。

なぜなら、魔女と認定されて有罪になれば、火刑に処された。しかも、生きたまま火に掛けられたわけだ。

私が思うに、この刑は人道上とても許しがたい。キリスト教団が冷酷で非道だったことを、私たち人類は決して忘れてはならないのだ。

そもそも普通に考えて、魔女みたいな人がそうそういないことは容易にわかるし、魔女に殺されたという話も聞いたことがない。

私も、魔女と言える女性に会ったことがない。

しかし、霊感の強い人や超能力のある人は、まったくいないとは言えないことはある。中世ヨーロッパ社会にあって、そういう人がいたとすれば、キリスト教団から注意人物として、目を付けられたであろう。

また、聖書に反したことや、まったく新しいことを言い始めたりした場合は、裁判にかけられたであろう。

中世ヨーロッパキリスト教団は、無能な神職者集団だった。思えば歴代のローマ教皇にも賢者は少ない。

基本的に、宗教にかかわる神職や僧などに、真の賢者は少なかった。

さて、ガリレオ・ガリレイの件もカタリ派の件も魔女狩りの件も、「そういう時代だった」では済まされないと、私は考えている。

日本は、韓国や中国から「歴史を直視しなさい」と言われている。

これは、日本国がある限り永久に言われる可能性がある。

確かに、歴史を歪曲することはできない。ローマ教皇は、歴史を直視する立場にある人物で、魔女狩りに対しても、その事実を直視して、殺された６万人に対して謝罪しなければならないのに、それもしていない。

１９６５年、ローマ教皇パウロ６世がガリレオ・ガリレイの裁判に言及したことから、裁判の見直しがはじまり、１９９２年、ヨハネ・パウロ２世はガリレオ裁判はあやまりであったことを認め、謝罪した。

しかし、それはすでにガリレオ・ガリレイの死後３５０年もたっていた。

私は思う。

裁判の見直し？「おいおい、ふざけたことを言うなよ」と。１９６５年までに、地球が動いていることは、すでに明白な事実だ。

おそらくローマ教皇は、キリスト教団の過去の恥を少しでも隠すために、「見直し」などと言ったのだろう。

そして、１９９２年に謝罪したものの、それは余りにも遅過ぎたし、また「それだけで済むのか」という問題もある。

ローマ教皇に言いたい。「あんたは魔女だから」と言われ火刑にされた多くの無実の人々の生命を、どうしてくれるんだと。

魔女狩りに対する反省もないし、教団も教皇も罪悪感を持っていないところが大問題なのだ。

以上、中世ヨーロッパのキリスト教団は、恐怖教団だったことを人類は決して忘れてはならないのだ。

異端者は賢人か

日本では、仏教が伝来するまでは宗教は神道だけだった。しかし、それを信仰しなかったので殺された、という話は聞いたことがない。

一方、中世ヨーロッパのキリスト教の諸国では、キリスト教を信仰しないと大変なことになった。

少なくとも「私は信仰しない」とか「聖書に異議あり」などと公言すれば、その人の命に関わることになった。

つまり、キリスト教団は国王でもないのに一種の権力集団で、人民を支配していたわけだ。

ニコラウス・コペルニクスは、太陽中心説を唱え１５１０年『コメンタリオルス』を発表した。

後世、太陽中心説は天文学史上、最大の発見と評価された。しかし、主著『天球の回転について』は１５４３年の死の直前まで出版しなかった。

それは、キリスト教団からの弾圧を恐れていたからだった。誰でも不当な理由で殺されたくはないのだ。

私は思う。

身の危険を感じながらも、真理を追求しようとする当時の天文学者たちを尊敬したい。
そして、真理を探究しようともせずに、聖書を盲信し、よくわからない権力と既得権を守ろうとするキリスト教団の無能な神職者たちを軽蔑し、冷笑する。もちろん、ローマ教皇も含めて。

さて、私の尊敬するイタリアのレオナルド・ダ・ヴィンチ（１４５２年〜１５１９年）は、イタリア・ルネッサンス期を代表する画家だが、何でもできる万能の人間として、世界中に知られている。

パリのルーブル美術館に飾られている「モナリザ」という絵画は、世界で一番有名な彼の代表作だ。

福知 怜氏は『ダ・ヴィンチの暗号99の謎』という本で、「ダ・ヴィンチは異端思想の持ち主だった」と題して、「ダ・ヴィンチは神を信じていなかった。少なくとも当時、絶対的な権力を握っていたローマ・カトリックを信仰していなかったし、むしろ嫌ってすらいたらしい」と書いている。

聖書の教えに異議を唱えれば異端だが、それだけでなく同性愛も異端、錬金術も異端だった。
しかし、ダ・ヴィンチは錬金術の研究をやっていたことは、有名な話だ。

彼が、ローマ・カトリックに捕まらずに生き延びたのは、人間の表の顔と裏の顔を上手に使い分けたからだろうか。

余談だが、人間の表裏はユニークだ。

昼は警察官で夜はドロボウというのは、二重人格でこれは良くない。昼は学校の先生だが夜はクラブのホステスというのはユニークだ。これは人間の表裏の一面かも知れない。

アイザック・ニュートン（１６４２年～１７２７年）は、りんごの実が落ちるのを見て、万有引力を発見したイングランドの物理学者だ。

ニュートン力学を確立し、近代物理学の祖と言われている彼は、ダ・ヴィンチ同様に錬金術をやっていた。

学問ができる学者さえも、金（ゴールド）の魅力には相当ひかれたようだが、化学や物理の研究にもなった。

前記の『ダ・ヴィンチの暗号99の謎』という本に、「ニュートンは神を信じていなかったことが知られている。特にローマ・カトリックが大嫌いだった。当時としては、それだけでも異端思想である」と記されている。

こうして見て行くと、賢人と思われる人たちは異端者だが、異端と思われる人が賢人だったのか。

いずれにせよ、異端はキリスト教団からの見解であって、私のような第三者から見れば「物理学者は理論と数字で物事を進める体質があり、理論と数字で説明できない宗教を軽視する傾向がある」ということだ。

だが、私の目指すところはこれではない。

物理学者は、宗教とまじめに向き合わないとダメだ。宗教家は、物理、数学、化学などを学ぶ態度が必要だ。

残念なことに、中世ヨーロッパのキリスト教社会では両者が激しく対立しただけであった。

天動説と地動説

紀元前4世紀、古代ギリシアの数学者エウドクソスは天動説を唱えていた。

天動説は、私たち人間が住んでいる大地は動かずにじっとしていて、太陽・月をはじめ他の星々はすべて動いている、という考え方だ。

この考えは、クラウディオス・プトレマイオス（83年頃〜168年頃）に受け継がれた。

彼は、古代ローマ時代の学者で、ダ・ヴィンチ同様に何でも来いの万能学者だったが、大地が球形でしかも動いていることは、わからなかった。

私は、旅が好きでポルトガルに行ったことがあるが、この国のロカ（ROCA）岬はユーラシア大陸の最西端だ。

ここから西の方角を見れば、一島もない大西洋の大海原を見ることができる。

日本で言えば、例えば高知県の足摺岬から太平洋を見るようなものだ。ロカ岬と足摺岬では、場所はまったく違うが大海原を一眺できること、そして水平線を見ることができる点は同じだ。

少し注意をして見ると、水平線はわずかに丸味をおびていることがわかる。つまり、わずかに曲線になっているのだ。

中世ヨーロッパの人たちが、この点に気が付けば、自分たちが住んでいる大地のことも、「大地も曲面か」と気が付く人が出現したかも知れない。

私は、アメリカ、カナダなどで地平線を見たことがあるが、ヨーロッパ諸国で地平線の見えるところは中々ないようだ。

このことも、「大地は球形だ」という発想ができなかった原因だったろう。

このように、人類は長い年月にわたり、天動説を信じて来たわけだが、すでにこの章で述べたように、天文学者や物理学者によって地動説が唱えられるようになった。

しかし、中世ヨーロッパにおける研究では、学者は「大地は球形である」とはわかっていたが、地球が自転していることを証明することはできなかったようだ。

１８５１年、フランスの物理学者レオン・フーコー（１８１９年～１８６８年）が地球の自転を証明する際、「振り子」を用いた。

振り子は、動く方向が一定しているので、その法則を利用した。

振り子を囲むように、ぐるりと円形に棒を立てる。すると、時間の経過とともに振り子が棒に当たり、順番に倒れていく。

つまり、大地が動いているので、棒が倒れて行くわけだ。

第3章　仏教と諸科学

暦の作成

天文学とは、宇宙に存在する太陽や月などの星々やガスを観測し、現象や法則を見い出そうとする学問だ。

人類が、いつ頃からこの天文学をやり始めたかは不明だが、例えば古代エジプト文明に於いて、ナイル川は毎年洪水を起こした。

そこで、いつ起きるのか正確に予報するために、天体観測をして太陽暦をつくった。

これは、地球が太陽を基準にして周回していることがわかった結果、できた暦（カレンダー）だ。

先に、中国では古代より日食観測が行われたことを書いたが、唐代に於いて、勝れた学僧がいた。

一行（いちぎょう）（683年～727年）、その人である。偉人故に、一行阿闍梨または大慧禅師と称される。

普寂に禅を、金剛智に密教を、恵真に律を学ぶ一方、天文学者でもあり、玄宗皇帝に新暦の作成を命じられ、6年後の727年に「大衍暦（たいえんれき）」を完成させた。

この暦は太陰太陽暦で、つまり月の運行と太陽の運行と双方を考察した暦法で、日本でも7

６４年から約90年間使用された。

仏教と天文学は、直接には関係はないが、日本の仏教文化に影響しているところがある。

さて、日本に於いて初めて暦を作成したのは、渋川春海（１６３９年～１７１５年）だ。

春海は、徳川家に囲碁を指南する安井家の長男として生を受け、本人も囲碁棋士だったが、神道、算術、天文を深く研究した。

当時、日本は中国の「授時暦（じゅじれき）」を用いていたが、月食や日食の予報に誤差が生じるので、春海は日本と中国との里差（経度差）が原因と考え、ついに１６８４年に「貞享暦（じょうきょうれき）」を完成させた。

尚、彼の生涯については、作家の沖方丁さんの『天地明察』という時代小説の中に詳しく描かれており、２０１２年に映画化された（監督・滝田洋二郎、主演・岡田准一）。

昔の日本は、月食や日食のことを「蝕」と言い、凶兆の前触れとされ、人々はとても嫌った。

吉は「めでたい。運が良い」に対して凶は「わざわい。運が悪い」の意味だが、これは中国の陰陽思想と五行思想から来ている。

色々な物事をする場合に、「吉兆がある」とか「凶兆がある」とかは、もともと宗教ではない。

しかし、神社で「おみくじ」をひくと、吉とか凶とか出てくるが、神社は宗教施設なので「吉凶は宗教」と思っている人がいる。

お彼岸

お彼岸は、日本独特の仏教文化だ。

日本後紀に、「大同元年（８０６年）、早良親王のために、諸国の国分寺の僧に命じて七日金剛般若経を読ませた」、という意味のことが記されており、彼岸法要の始まりとされる。

そもそも、春分の日・秋分の日を中日として、前後3日間（合わせて7日間）が彼岸だが、その間にお墓参りをしたり、お仏壇のご先祖さまにおはぎをお供えしたりする。

だが、それをいつからやり始めたのかは、不明だ。

では、それをやり始めた原因は何なのか。

彼岸の起源には諸説あるが、私は、浄土思想にあると考えるのが有力と思っている。

仏教の浄土経典に基づいて、死後は極楽浄土へ行けると説いている浄土思想を、多くの仏教徒が信仰しているのだ。

しかも、西方十方億土の阿弥陀仏の浄土を感ずるには、太陽が真西に沈む時が一番よいとされた。

それで、太陽が真西に沈む春分と秋分を基準として、仏事を行うようになった。

では、日本人は「東西南北」という方角が、どのようにしてわかったのだろうか。

きちんとした方角を把握した人は、渋川春海のような天体観測をする特別な人だけで、一般人は中国から来た暦を学び、おおよその方角を理解していたことだろう。

現代なら、方位磁石で正確に「北」を知ることができるが、８～９世紀に方位を示す道具はなかった。

彼岸とは「彼の岸」のこと、つまり川に例えられ、向こう側が彼岸（浄土）に対し、自分のいる岸は穢土（えど）（欲望で汚れているこの世）だ。

おそらく、昔の日本人は西に沈む夕日を見ながら、浄土を感じていたことだろうが、地球上から西方は一定しているのに対して、宇宙全体から見ると、地球は自転し公転しているので、西方自体が存在しない。

「だから、西方極楽浄土はない」という話ではない。

宗教は、観念の世界・精神の世界の部分が大きいし、そこに宗教の存在意義がある。

人間は、「心の世界」を大切にしないといけない、と私は思う。

日蓮　国を憂う

貞応元年、貧しい漁師の子に生まれた日蓮（１２２２年～１２８２年）は、偉人故に日蓮上人とか日蓮大聖人と呼ばれている。

12歳で寺に入り16歳で得度（仏門に入る儀式）を受けて、正式な僧となった。

文応元年、39歳の時に『立正安国論』を著し、5代執権の北条時頼にこれを提出した。

その著物の中で、日蓮は地震や大風（台風）や疫病などの災難が起きる原因を考えた。

日蓮は経典を例にあげて、『金光明最勝王経』には「正しい仏法が信仰されない国には災難が起こる」とか『大集経』には「国王が正法を守らないと三つの災難が起こる」とか『仁王経』には「その国土に正しい仏法が失われると、必ず国は乱れる」とか、さらに『薬師経』には「国王などの不信によって七つの災難が起こる」と書かれてあることを指摘した。

現代なら、人に笑われるような話だが、その当時は地震や台風や病気の原因がわからなかったし、それを研究しようとする人もいない時代だった。

日蓮の民（国民）を案じ国を憂う気持ちは、とても尊いことだと思うのは、私一人だけではないはずだ。

時が流れ、時代が進み、はっきり言えることは、地震や台風や病気はその原因がかなり解明されてきて、仏法や信仰とは関係ないということが、わかってきた。

ただ、これらの災難をまぬがれるために、神仏を拝むのは個人の自由であることは、言うまでもない。

尚、経典が説く正しい仏法とか正法とかの問題は、日本仏教史に足跡を飾る高僧たちの見解が各々違うので、どの仏法が正しいというのは、誰も結論は出せていない。

戒律

仏教に於いて一番大切なものは、戒律である。

戒律とは、人間が生きている間は「実行するとよい」とされるもので、仏教者（僧）は「これを実行しなさい」とされ、仏教徒はこれを実行するとよいとされている。仏教者と仏教徒では、温度差がある。

仏教第一の戒律は、不殺生（ふせっしょう）である。生き物を殺すなということだ。

人類が猿から進化して秀れた知恵を持ち始める以前から、おそらく海の魚や陸の動物をとって、それらを食べていた。

それから何千年もたった現在でも、人類は魚や動物を食べているので、不殺生はもともと無理な話だ。要するに、僧だけが実行すればよい話なのだが、一つだけ重要なことがある。

それは、仏教徒も「人を殺すな」ということだ。

人が人を殺している間は、殺人事件も戦争もなくなることはないだろう。

仏教国と言っても過言ではない日本が、昭和の時代に戦争をして（太平洋戦争）、３３０万人以上の死者を出したことは、誠に残念なことだ。敵国の人々もたくさん死んでいる。

不偸盗（ふちゅうとう）。これは人の物をとるなという戒律だ。

日本に仏教が伝来して久しいが、現在でもどろぼうはたくさんいる。

一つの国が、他の国の領土をとりに行くのも、どろぼうだ。

日本が、昭和の初期から台湾や朝鮮を植民地化したり、中国に満州国をつくるのは、どろぼうと違うのか。

ロシア（ソビエト）が北方四島をとってしまったのは、どろぼうだ。社会科の教科書に「ロシアはどろぼうの国」とはっきり書くべきだ。先人がとっても、後世の人が返すのが人の道だ。

個人も国家も同じことで、要するに人の物をとるのは、どろぼうだ。

不邪淫。これは現代用語で言えば、買春や売春や不倫はしてはいけないという戒律だ。

ほとんどの場合、人間の欲望から起きるわけだが、貧乏な生活（貧困）から解放されたくて、つまりお金を得るために売春がなくならないという問題がある。

不妄語。これは無知は良くない、よく勉強しなさいという戒律だ。

無知は命を落とすこともある。以下は例だが、A氏（男性）は冬季に風呂から出る時に頭から冷水をかけて、その場に倒れてしまった。

原因は、脳卒中だった。熱い湯から出てすぐに冷水をかけたため、広がった血管が急に細くなり、急速に血圧が上昇し、血管が破裂したのだ。

彼は、寝たきりとなり、言語障害も起きて、８年後に死亡した。医学の知識を持っておれば、こんな無茶なことはしないはずだ。

不飲酒。これはお酒を飲むなということだ。

お酒を飲むと、僧の修行にならないというのが一番の理由だが、大昔から「酒は百薬の長」と言われて、人体にとても良い飲み物なのだ。

例えば、ウイスキーは麦から、日本酒は米から造るので、原料は体に良い物なのだ。

お酒の中に、アルコールという成分が入っているが、これも少量だと血行を良くし血圧を安定させる効果がある。

では、なぜ仏教で飲むなと言うのか。

問題は、量なのだ。少しだけ飲むととても体に良いものなのに、おいしいものだから、多くの人は少量での飲酒で終えることができない。

たくさん飲むと、眠たくなる、脳の働きが悪くなる、人格が変わるほど精神状態もおかしくなる。

それで、飲むなということになっている。

お酒は、自動車と似ているところがある。自動車は、ゆっくり走行するとこんな便利なものがないのに、スピードを出し過ぎて事故を起こしてしまえば、人の命を奪ってしまうことにもなる。

薬師如来

きちんと言えば、薬師瑠璃光如来（Bhaisajyaguru）だ。瑠璃(るり)は宝石の一種だ。拝むと、健康で過ごせるという現世利益の仏さまで、「薬師瑠璃光如来本願功徳経」にそのご利益を説く。

チベット密教に於いては、この如来は「医王」として多くの人に崇拝され、「医道即仏道」という思想になっている。

さて、私が指摘する問題は、そもそもこの仏さまを拝んでる人は、病気にかからないのか、かかるのかという点だ。

仏教が、人生を「生老病死」と説いていることを見ても、人間は病気にかかるのだ。人間は病気にかかり大きな苦を受けると説きながら、その一方では、薬師如来は衆生の病気を治癒させて寿命を与え、災禍を消滅させて衣食を与える、と説いている。

つまり、人間は病気にかかるけれども、病気は治ると説く。

しかし、現実は病気が治る人もいれば、治らない人もいる。もちろん、人間は限りある命なので、永久に生きることはできない。

病気になった時、自力で治す人、信仰で治す人、医療の力で治す人などが考えられるが、現代社会では、複合で治している人が多いと推察できる。

自力で治す人は、一定の体力と強い精神力がある。信仰で治す人は宗教を重んじる信心深い人だ。医療の力で治す人は、宗教をあまり信じない人や信仰の度合いが普通の人だ。

ところで、医療の力は大きい。中でも医学の進歩はすごい。むずかしい心臓の病気や脳の病気も、治癒するようになってきた。

私たちの健康は、信仰のおかげなのか、医学のおかげなのか、それとも両方のおかげなのか。

本来、病気でない健康な時でも、「元気で過ごせますように」と神仏にお祈りするのが信仰だ。

それを、無意味と思う人は価値観の違いなので、強制することはできない。現代にあっては、信教の自由は保障されている。

医学のない時代は、病気は薬草に頼りながら、神仏にお祈りするしかなかった。

古代に於いては、神さまにお祈りするしか方法はなかった。

医学の進歩とともに、信仰は下降線をたどることになる。

近未来に於いて、健康に関しては医学の勝利、信仰は無用という時代が来る可能性はある。

一つだけ言えることは、仏教の戒律を守り、お釈迦様が説いた教えを生活にとり入れると、病気になりにくいところはある。

弥勒菩薩

弥勒菩薩（Maitreya）は、56億７０００万年後に出現するという仏さまだ。

これだけでは意味不明だが、お釈迦さま（ゴータマ・ブッダ）はこの世に生を受けた実在の人物だ。悟りを開いて80歳で死去した後に、釈迦如来として崇拝されている。

弥勒は、如来よりも一段下の菩薩の位（修行中）に属する仏だが、すでに仏像もあり崇拝もされているので、未来仏とは言いにくい。

本当のところ、56億７０００万年後に出現されても、遅すぎる感がある。

ところで、人類を一番たくさん殺害した者は誰なのか。

実は、蚊なのだが、きちんと言えば蚊が持っている細菌やウイルスなのだ。

では、二番目は誰なのかと言えば、人類なのだ。

つまり、人類はその歴史が1億年もないのに、人類を殺し続けているのだ。

そして今も、紛争・戦争・貧困などで、世界中でたくさんの人々が殺害されたり、餓死したりしている。

この先、56億７０００万年も待っていたら、その間にどれぐらいの人が殺害されることだろうか。

さて、近年の地球物理学のレベルは高い。

私たちが地球という星で生存できるのは、太陽という光を発する星があるためだ。

１９９０年、アメリカのスペースシャトル・ディスカバリーの打ち上げによって、宇宙に放たれたハッブル宇宙望遠鏡により、それまで未知だった遠い場所の宇宙の様子がわかるようになった。

広い宇宙には、太陽と同じような星がたくさんあることもわかり、私たちが住むこの地球に光をもたらすこの太陽は、生まれてから死ぬまで約１００億年ということもわかった。

地球は、誕生して約47億年と言われているので、太陽も長くて50億年、短い場合は11億年でその活動を終えるようだ。

一方、大乗仏教の真髄を伝える般若心経（摩訶般若波羅蜜多心経）の中に、「色即是空」を説いている。

色は、色のある物、つまり物質（物体）のこと。「色はすなわちこれ空なり」と読み、物質は消滅するという意味だ。

確かに、この地球上の植物も動物も永久に生存しているものはない。夏に賑やかなセミたちは10日ほどでこの世を去り、樹齢千年の大樹もやがては枯れる。

太陽の終末期は膨張し、水星、金星、地球という順に飲み込まれて、地球は消滅する。もちろん、人類は生存していない。その後に、弥勒菩薩が如来として出現するという話だ。

第4章　宗教の半疑性

霊能者

霊媒師、霊能者、霊能力者は、漢字は違うが意味はほとんど同じだ（ここでは、霊能者で統一する）。

どちらかと言えば、霊媒師は古い言い方で、中世ヨーロッパで魔女と言われた人の中には、この種の活動を行っていた。

霊能者は、霊界（あの世）から霊を呼び出して、霊と交信する人たちだ。あるいは、霊を体に憑依させて、霊の言葉を発する人たちのことだ。憑依は、乗り移ることだ。

霊界の様子を知りたいのか、霊と交流がしたいのか、その目的がよくわからないが、その行動はまじめそのものだ。

アメリカでは、殺人事件の犯人を見つけるために、被害者の遺族と警察の協力を得て、霊能者の力を借りて、犯人に殺された人（霊）から言葉を引き出して、見事に犯人を検挙した事実がある。

日本でも、未解決の殺人事件が多くあり、警察はもっと霊能者に協力を求めて、事件の解決に努力してほしい。

問題は、霊能者に協力してもらって、事件が解決すれば良いが、一つも解決しない時は宗教性が問われることになる。

東北地方を中心に活動している「イタコ」という巫女（みこ）がいる。青森県の恐山（おそれざん）が特に有名だ。イタコは、霊を自分の体に憑依させて、霊（死んだ人）が発する言葉をそのまましゃべるが、これを口寄せと言う。

イタコの口寄せを聞くために、多くの人が恐山へ行った時代があったし、今も行く人はいる。人々は、イタコが持っている宗教性を信じている。

ところが、そのイタコを騙した人がいた。

死んでもいない自分の兄を「死んだ」と言って、口寄せを願い出た。イタコは、いつものように霊があぁ言うてる、こう言うてると話をした。その後で、「実は、兄は生きています」と言うと、イタコは激怒した。

私は思う。

霊能者は、指名された霊があの世にいるのかいないのか、わからないとダメだ。これでは、霊能力があるとは言えない。

さて、霊能者の中で一番有名な人は、インドのサティア・サイ・ババ（１９２６年～２０１１年）だ。

彼は、不治の病を治すなどの奇跡で有名になったが、奇跡を起こすのはいつも宗教の力か、という問題がある。

それは、霊能力と超能力は違うからだ（本章は、宗教を論じる項のため超能力については後述する）。

日本では、昭和の時代に活躍した宜保愛子（1932年〜2003年）や、その後活躍した江原啓之がいた。

宜保の霊感の話に対して、物理学者の大槻義彦が反論する激しいバトルが、テレビの番組で何回かあった。

つまり、法則や数式という目に見える事実だけ信じる人は、目に見えないものを信じないことが多い。

私は思う。

一般論であるが、目に見えないものを信じないという人は、人間性が少し欠如していることがあり、目に見えないものに熱心な人は、むずかしい学問に弱い。この場合、霊感もあるし物理学もできる人ならば、論争は起きない。

厄除け

厄とは、災（わざわい）、苦しみ、病苦のことだ。

この厄に当たるとされる年齢を、厄年と言う。一説によると、陰陽道から来ているというが、平安時代から信じられていたようだ。

これだけだと、宗教とは言いにくい。

厄年は一般的に、男性は25歳、42歳、61歳、女性が19歳、33歳、37歳だ。この前年は前厄、翌年は後厄に当たる。

これは「たいした根拠もない」とされているが、昔からの見解にはそれなりの理由はある。

厄年、千年の歴史は文明の進化、特に医学の進歩により一概に述べることはできないので、現代を基準として述べる。

男性25歳は、結婚して家庭を持つ人もでる年頃だ。女性19歳も、早い人は結婚する人もいる。子供ができると、出産は女性にとっては命がけだ。女性30代は、高齢出産や体質変化に注意がいる。

男性42歳は、家庭も仕事も大事な年代に入る。年齢的に中年に突入し体力的にもきつくなる。男性61歳も体力の低下はまぬがれないし、脳や心臓の病気が起きる可能性が高い年齢だ。

しかし、地震や台風などの自然災害は必ず起こるし、火災や交通事故などの人災も多い。どろぼうも、たくさんうろついている。

そういう意味では、私たち人間にとって毎年が厄年なのだ。

そのため、多くの人たちはお正月に神社や寺へ行って、一年の無事を祈るし、節分や祭など様々な時に祈るわけだ。

厄除け（厄払い）とは、神仏にお祈り（祈祷）をして、厄に遭遇しないようにすることだ。

これも、法則や数式・化学式など目に見えるものしか信じない人たちにとっては、「そんなバカな」と言われる事柄だ。

宗教の見地からすると、厄除けとは厄に遭遇しないように、神仏にお祈りするというほうが正しい。

お祈りすることに重点が置かれ、遭遇するかしないかは神仏にお任せするしかない。

幽霊

幽霊とは、仏教的に表現すれば、人間が死んだあと成仏できないで、この世に出現する霊のことだ。

仏教でない場合は、成仏できるとかできないとか言わないが、おそらく他の表現があるのだろう。西欧でも幽霊は出現している。

この世に出現する霊、つまり私たち生きている人間が見ることができる霊だ（見ることができない、人につく霊もある）。

だが、一生の間に一度も見ない人もいて、そういう人は、「幽霊なんかいないよ」と主張する。

私のように、幽霊を「見た」という人も多いが、誰の霊かという特定はむずかしいし、なんで出現するのかその理由もわからない。

幽霊は、存在するのかしないのか。

この論争は、ＵＦＯ（未確認飛行物体）の問題とよく似ている。未確認のところが共通しているし、どちらも飛行しているとすればとてもユニークだ。

ＵＦＯが、写真や映像で撮られているように、幽霊も写真や映像で撮られているので、存在の可能性は高いと考えてよい。

ただ、どちらもその正体は未だに解明できていない。幽霊は、死後成仏できない人の霊なのか、それとも死者とはまったく関係のない別の者なのか。

ひょっとしたら、別世界の使者かも知れない。私たちには、今のところそれを知る手段を持っていない。

ところで、日本に於いては死者の霊は重要視された。

特に、人を殺した者は、殺された人の霊を恐れたし、霊による復讐を恐れた。

自分にされた仕打ちに対して復讐をする、昔風の表現をすれば、祟り（たたり）をもたらす霊を怨霊（おんりょう）と呼んだ。

崇りとは、神仏や霊など超人的・超自然的存在が生きてる人間に災いを与えることだ。信じるか信じないかは、自由だ。

「学問の神様」として知られる菅原道真（８４５年~９０３年）は、平安時代の貴族で右大臣まで昇進したものの、ぶこく罪で太宰府に左遷されて、その地で没した。

道真の死後、一説によると次々と皇族・貴族の要人が死亡し、彼の祟りだと恐れられた。それで、神社で祀るようになった。

『鬼がつくった国・日本—歴史を動かしてきた「闇」の力とは』（小松和彦・内藤正敏）という本の中に、桓武天皇は、井上内親王と他戸(おさべ)親王の二人が、父の光仁天皇を呪(のろ)い殺そうとしたとして、幽閉・殺害されたことに関して、この二人の幽霊をとても恐れていたと書いている。

そのため、長岡京を10年で捨てて、平安京に都を構えた、という説を述べている。

怨霊に関する話は、たくさんあるようで、哲学者の梅原猛さんも『神と怨霊—思うままに』という本を書いている。

江戸時代の元禄年間に、江戸の田宮伊右衛門という男が上司の娘と重婚をした。妻の岩さんはそのことを知るや、発狂し失踪してしまった。

この事実を基にして、鶴屋南北が《岩さんは夫に毒殺された。そして毎夜、幽霊となって夫の前に出現した》とする物語をつくった。

これが、有名な『東海道四谷怪談』で、岩さんは「おいわさん」という日本一有名な幽霊と

郵便はがき

料金受取人払郵便

大阪北局
承認

1357

差出有効期間
2020 年 7 月
16日まで
(切手不要)

553-8790

018

大阪市福島区海老江5-2-2-710

㈱風詠社

愛読者カード係 行

ふりがな お名前		明治 大正 昭和 平成 年生 歳
ふりがな ご住所	□□□-□□□□	性別 男・女
お電話 番　号		ご職業	
E-mail			
書　名			
お買上 書　店	都道 府県 市区 郡	書店名	書店
		ご購入日	年 月 日

本書をお買い求めになった動機は？

1. 書店店頭で見て　2. インターネット書店で見て
3. 知人にすすめられて　4. ホームページを見て
5. 広告、記事（新聞、雑誌、ポスター等）を見て（新聞、雑誌名　　　　）

風詠社の本をお買い求めいただき誠にありがとうございます。
この愛読者カードは小社出版の企画等に役立たせていただきます。

本書についてのご意見、ご感想をお聞かせください。
①内容について

②カバー、タイトル、帯について

弊社、及び弊社刊行物に対するご意見、ご感想をお聞かせください。

最近読んでおもしろかった本やこれから読んでみたい本をお教えください。

ご購読雑誌（複数可）	ご購読新聞 新聞

ご協力ありがとうございました。

※お客様の個人情報は、小社からの連絡のみに使用します。社外に提供することは一切ありません。

なった。

もう一つ有名な怪談は、番町皿屋敷のお話だ。

江戸の牛込に、青山播磨守主膳の屋敷があった。ここに奉公していた菊さんは、主膳が大切にしていたお皿を一枚割ってしまった。激怒した主膳は、菊さんの指を一本切り落とし、「殺す」と言われた。

思いつめた菊さんは、井戸に身を投げて自殺したが、毎夜、井戸の中から「一枚……二枚」と彼女の声が屋敷に響いた。

この話は、講談師・馬場文耕の手によるとされる「皿屋敷弁疑録」を元にした芝居の内容で、事実は、お皿の紛失事件で手打ち（処刑）にされ、遺体は長持に入れられて実家に送られた。

現代から考えると、随分ひどい話で、「人の命」を何と思っているのか、腹立たしいことだ。

先ほど、「呪い殺す」という言葉が出てきたが、呪うとは、生きてる人間が人に災（わざわい）があるように祈ることだ。

呪うには、呪文（じゅもん）を唱えたり、祈祷をしたりするので、宗教だが、仏教の精神には反する。

日本で一番よく知られている例は、呪う相手の名前を書いた「藁（わら）人形」をつくって、それを五寸釘で樹木に打ち付け、真夜中の２時頃に呪文を唱え、または呪術をやる、または祈祷する。

尚、現行の刑法では、呪い殺そうとするのは自由だが、相手が死ぬかどうかはわからない。

蛇への信仰

たくさんの人たちが「気持ち悪い」という蛇(へび)は、「神の使い」とか、「神の化身」と言われ、神話や伝説がたくさんある。

では、なぜ蛇が信仰の対象になっているのか。

蛇は爬虫類の一種だ。日本では、南方の島々を除いて冬は冬眠し、夏は水気の多い湿地帯を好むため、古代より「水の神」とされ、そのため農耕の神とされ、特に農民は五穀豊穣を願った。

実際、日本では古代より米作が中心で、米を食べるネズミやスズメを食べるのが蛇であったので、蛇は農家にとっては大事な存在であったし、日本の米を守ってきた大切な動物だった。

マムシとかハブは、精力剤として多くの人に服用され、健康に役に立っているが、毒蛇のため不幸にも、かまれて死ぬ人がいる。

蛇は、気持ち悪いだけの存在ではなくて、人間の社会に大きく貢献してきたのだ。

近年、信仰として注目されているのが、白蛇だ。

白蛇は、青大将の突然変異だ。目が赤いこともあり、表面の白が美しい。オスとメスが白いと、その子供も白の可能性が高くなる。

この白蛇は、開運金運の神のような存在になっているが、その根拠はよくわからない。おそらく、数が少なくて珍しい動物という点が、人間のお金持ちも数が少ないので、その共通点が信仰につながるのだろう。

奈良県桜井市の大神神社（おおみわじんじゃ）のご祭神・大物主神（おおものぬしのかみ）は、蛇だ。

その他、全国には白蛇神社も数社存在して、参拝する人もいる。

インドでは、毒性の強いコブラが棲息している。

ある村では、子供たちが遊んでいるすぐ横を通行しているし、時々家の中に入ってきて、ベッドの上にいる時もあるようだが、村人が勝手に獲ることができないようで、必ず村のヒンズー寺院の僧侶を呼ぶことになっている。

こんなのんきなことをやっているから、インドや仏教国のタイでは、毒蛇にかまれて死ぬ人が多いのだが、「蛇は神」という概念があり、あるいは仏教の「生き物をやたら殺さない」という精神がある。

インドの「蛇の神」は、ナーガ（男）とナーギィ（女）だ。一説によると、日本語の「長い」はナーガから、「うなぎ」はナーギィからきているらしい。

蛇は、信仰の対象として崇拝されている反面、「あんなもの拝む気はない」という人たちもいる。

これは、信仰以前の問題と思うけれど、現実は、日本でも外国でも毒蛇にかまれて、人が死んでいるということだ。

しかも、世界中で死者が千単位にのぼっており、死んだ家族からすれば、「なんで神だ」ということになる。

古代エジプト文明では、王冠は蛇の頭部が主体になっているが、これも宗教的な意味があり、王と蛇は「神聖な物」とされているのだ。王と毒蛇は「強い者」という共通点がある。

古代エジプト第18王朝のファラオだったツタンカーメンの、そのミイラの上に置かれていた黄金のマスクには、蛇がついている。

奇跡

一般社会では、オリンピックの前に「あの選手は金メダルまちがいなし」と言われた人が、メダルを獲れなかったり、「あの人はノーベル賞だ」と言われた人が、獲れない間に死んでしまったり、良くない話はたくさんある。

それに対して「奇跡」という言葉は、飛行機が墜落したものの「奇跡的に一命をとりとめた」などと、良い意味で使う。

奇跡とは、普通では有り得ない不思議な事柄のことだ。

前述の飛行機の話もそうだが、医師に「あとわずかの命だ」と言われた人が、元気になって家へ帰ることが、現実にある。

この時、「奇跡だ」と言うが、難病や不治の病の人をつかまえて、「入信すれば助かる」と言って、奇跡を売り物にする宗教もある。

病気が治ることを祈念するのは宗教の範囲なので、それは問題ないのだが、入信を勧めたあとで高額の金銭を奉納させるのは、宗教としてはかなりあやしい。

病気に限らず、奇跡を祈ったり追求するのは、別に問題はないが、人為的に奇跡を起こすのは、非常に困難なことだ。

スポーツなどの勝負の世界では、格下が格上に勝つと「○○の奇跡」などと言う。絶対に起きないということはない。

キリスト教では、新約聖書の福音書にイエス・キリストが行った奇跡が書かれてある。

例えば、水をぶどう酒に変える、嵐（暴風雨）を静める、湖の上を歩く、などだ。

数学、化学、物理学など、あらゆる学問が進歩して高いレベルにある現代において、このような奇跡を信じる人は少ないだろう。

では、キリスト教やその他の一部の宗教が、奇跡を説いてきたのはなぜか。

私が思うに、それは教祖（教主）の権威付けだ。

「うちの教祖はすごい、だから皆さんも入信しなさい」ということだ。

仏教の僧や行者が、難行苦行する目的の一つは、法力や神通力をつけるためだ。

それが強力になると、奇跡を起こすこともできるかも知れないが、仏教は、それを目的としていない。

しかし、人々は苦境に遭った時、神仏に「奇跡が起きますように」と祈るし、それが悪いことでもない。

神仏に祈るのは宗教だが、奇跡が起きるかどうかは、神仏にお任せするしかない。

私は思う。

自分で奇跡を起こすことができる人が出現しても、それだけでは偉人とは言えない。

第5章　不可解な力

魔法

ここで述べる超人的な事柄は、それを行っている人はさておいて、私から見ると不可解としか言えないものだ。

おそらく、他の人も不可解と思う人がいるだろう。

人間は、それぞれ顔が違うように、それぞれの才能を持っているのだが、これを才能と言うのか不思議な能力と言うのか。

その一番目に取り上げるのが魔法だ。魔術とか呪術とも言う。

魔法とは、人間の意志を宇宙の事象に適用することによって、何らかの変化を生じさせることを意図して行われる行為のことだ。

私が思うに、もう少し簡単に言えば、現実の事象や物体を、思いのままに変えてしまう技（わざ）を行うことだろうか。

すでに書いたが、中世ヨーロッパにおいて「魔女」とされた人は、魔法と判断されるようなことを、本当に行ったのだろうか。

神託などをして、聖書に反することを言ったり、キリスト教と違うことを言ったりすると、捕われた。呪術などを駆使して、人の病気の治癒を祈ったりすると、同様に捕われた。

昭和の時代に、沸かした湯を保存できる入れ物が販売された。製造メーカーは、これを「魔法瓶」と名付けていたが、実際は魔法でも何でもない。

その瓶は、２重構造になっていて熱が逃げにくいようにできている。しかし、朝入れた湯は、夕方には冷めてくる。

私たちは、現実の生活において魔法を掛けたり掛けられたり、「あれは魔法か」というような事象に遭うことはまずない。

魔法は、英語でＭＡＧＩＣと言うが、マジシャン（手品師）がやっていることは、すべて仕掛けがあって、種明かしすると「ああ、そういうことか」ということになっている。

日本人も、手品が好きな人が多いが、それは人々が魔術を見たいからだが、残念ながら真の魔術ではない。

このように見て行くと、魔法は実行できる人はいないようだし、人々が見ることもできない。今のところ、創作（フィクション）の中だけで見ることができる。

『千夜一夜物語』は、イスラム世界の説話集だ。この中に、「アラジンと魔法のランプ」というお話がある。

人がランプを擦ると、魔神が現われてその人の願いを叶える、という設定だ。

この物語を原案として、１９９２年にディズニーがアニメーション映画『アラジン』を製作した。

日本では、1961年から1963年まで「魔法のじゅうたん」という番組がNHKで放送された。

同じく、NHKで（1964年～1969年）放送された人形劇「ひょっこりひょうたん島」は、1991年に復刻版が放送されたが、その中に「魔女リカ・シリーズ」というのがあって、リカが島の人を魔法で困らせるという設定だった。

その他、小説、映画、漫画、アニメ、ゲーム等の中に、たくさん魔法は出てくるが、ここでは省略する。

さて、魔法と魔術と呪術は同じ意味だが、厳密に言うと少しだけ意味合いが違う。

呪術という言い方をすると、神仏にかかわる術や人間の生命にかかわる術を行う。あるいは、すでに書いたように、呪い殺す術もある。

具体的には、願い事、雨乞い、豊作豊漁、病気治療などで、その目的は良いことをめざしているが、人が病気になることや死に至らせることもする。効力のほどは不定だ。

おそらく、古代より世界各地で行われていたようだが、日本では、密教がこれを採り入れている。

密教界では、呪術を悪い目的で行うことはない。

天長元年（824年）、弘法大師（空海―774年～835年）が京都の神泉苑で雨乞いの法を修したとされるが、雨が降ったかどうかは明白でない。

大師は宗教家だが、それ以前から雨乞い師がいて、晴天が続いた時は呪術を行っていたようだ。

さて、日本では１８７５年に東京気象台が創立されて、時代の先端を行く観測を開始し、１９５６年に運輸省の外局として「気象庁」と改名され、さらに２００１年に国土交通省の外局となった。

他方では、ロケットや人工衛星の研究が進み、１９７７年に気象衛星「ひまわり」の打ち上げに成功した。

以来、数年に一回は打ち上げを繰り返し、上空３万５千メートルから、雲の映像を地上へ送り続けている。

そのため、「次の雨はいつ頃降るのか」がわかるようになったし、台風の位置も正確にわかるようになった。

どんなに晴天が続いても、次の雨はいつ頃かがわかるようになったので、呪術を用いた雨乞いもする人がいないようだ。

それでは、昔やっていた雨乞いは一体何だったのかという話だが、昔は祈ることしかできなかったわけで、これを責めるのは酷なことだ。

だが、夏の梅雨期（６月〜７月）にまったく雨が降らないことがあれば、米作に大きな影響はあるし、夏の農作物にも大きな影響が出る。

それに対して、人間はどうすることもできないのだが、一方では、海水を塩分のない水に変える成水機ができている。

この水を田畑に引くと、理論上は米作もできるが、現実は陸地が広大なために、そう簡単にはいかない。

まじない

まじないは、魔法の一種だが、これも効力は不定だ。

昔からあるまじないで一例を上げると、正座して足がしびれた時に、足を伸ばし手の指先にツバを少しつけて、それをおでこに当てる。そうすると、足のしびれが早く取れると言う。

足首に、白い紐を結びつけているおばあさんを、よく見掛けた時代もあったが、これは、こけないためのまじないだ。

高松龍暉の書いた『まじない婆さん物語り』（自費出版）という本には、皮膚病、田虫やしらくも、できものは、鎌の刃先を患部に向けて、右に7回左に7回、円を描くようにまわす、同時に「おんあびらうんけんそわか」と呪文を唱える、と書いてある。

こうしたまじないの効力は不明だが、する人に悪意はない。

近年、「塩まじない」なるものが行われている。

このまじないは、恋愛、結婚、離婚、金銭、仕事などのすべての悩みに対応できるもので、「効力は高い」らしいが、私はしたことはない。

つまり、まじないとは超人的な力を得るために、常軌を逸した常識ばなれの技を使って、目的を達成しようとすることだ。

魔法は、それ自体が超人的で超能力そのものなのだが、魔法をしようとする人は、超能力のある人や霊能力のある人と、そうでない人といただろう。

まじないは、ごく普通の人でもすることはできるが、私が提起する問題は、「人はなぜ、このような非合理的根拠のないものを求めるのか」ということだ。

合理的でないもの、科学的でないものを求めるのは、歴史的に見て、人類の脳の発展過程において、これが先行したためだろう。

もう一つは人間の弱さなのか。人間は、自分が弱い存在なので、それで目に見えない得体のしれない力を求める本能があるのか。

私は思う。

それは、悪いことではないと。しかし効力があるのかないのか、不定なのか、それはよくわからない。

つまり、「効力はよくわからない」ということは、わかっているのだ。

透視

透視とは、普通では見えない物や情景が見えることをいう。これはまじないのように普通の人では中々むずかしいことで、超能力や霊能力がないとできないようだ。

明治時代に、御船千鶴子（１８８６年~１９１１年）という熊本出身の女性は、生まれつき難聴で、20歳の頃に左耳がダメになった。

ある日、夫のサイフから50円がなくなっているというので、「それは仏壇の引き出しの中です」と言い当てた。

人生最大とも言うべき透視は、三井合名会社の依頼で大牟田市で透視をして、万田炭鉱を発見し多額の謝礼を手に入れた。

東京帝国大学の福来友吉や山川健次郎が立ち会って、色々な透視の実験を行った。

その結果、彼女は透視に成功する時と、そうでない時があることがわかった。

その時の、体調や頭脳の調子もあるだろうが、彼女が透視ができる事実は、驚きに値するし、何か超能力を持っているようだ。

日本では、この他に高橋貞子、長尾郁子が透視をしたが、いずれも女性で、男性では三田光一が月の裏側を念写したという。

御船千鶴子は、観世音菩薩を信仰していたが、宗教と関係のある霊能者も透視をする。どちらかと言えば、霊能者のほうが多いようだ。

平成26年7月21日に放送されたテレビ朝日の「トリハダ秘スクープ映像１００科ジテン」内で特集された「バトンルージュ連続殺人事件」を簡単に紹介する。

アメリカ合衆国南部のバトンルージュで次々と女性が殺害された。警察は、犯人を白人とみて捜査したが、中々容疑者がわからない。

そこで、刑事の知人の女性超能力者ジーニーさんの力を借りることにした。

彼女は、30歳の時に心臓病が悪化して心停止した女性だ。一命をとりとめたあと、教会の神父に「どう生きて行けばよいか」と教示を求めたところ、「神が道を授けてくださるであろう」とさとされた。

以来、彼女は信仰するようになり、いつしか不思議な能力を持つようになった。つまり、霊能力の感得だ。

さて、事件解決のために、彼女は電話器の前に座り、サンフランシスコから３０００km離れたバトンルージュに意を注ぐ。

すると、彼女の脳裏に黒人男性が現われたので、似顔絵を描いた。

その頃、６人目の殺害事件が起きていたが、現場近くで黒人男性が目撃され、警察が黒人ファイルを調査したところ、写真と似顔絵がとてもよく似ているので、警察は容疑者を特定した。

日本でも殺人事件などが多く、あるテレビ局がアメリカから霊能者を呼んで、行方不明者の生死を調べたりしていたことがあった。

日本でも、未解決事件が多く、容疑者がわからないままの事件が多くあって、被害者家族にとっては藁にもすがりたい心境だろう。

超能力者や霊能力者は、ぜひとも社会の役に立ってほしいというのが、私の願いなのだ。

催眠術

催眠術とは、人を眠らせる術のことだ。

催眠術は、普通は宗教や超能力や魔法に関係はないものだが、私が思うに、催眠術を会得していない普通の人々からすれば、不可能な魔法に近い感じはする。

実際は、人の心理をあやつる心理操作術なのだ。

この術は、「ウソか本当か」と言えば、決してウソではないが、この術をかけても10人中10人ともかかるわけではない。

むしろ、かかる人はとても少ないが、自分はかからないと思っている人が、かかることがあるようだ。

さて、かける人は、かけられる人に暗示を与える。

暗示とは、言葉や音や合図を駆使して、相手の思考や行動を操作する心理作戦のことだ。

かける人とかけられる人は、協力関係でやらないと、うまく催眠に進むことができない。

例えば、かける人が「草原が見えます。そこに羊が数匹いて、草を食べています」と言えば、かけられる人は目を閉じて、草原を思い浮かべて羊が草を食べている情景を思い浮かべることが大事だ。

催眠術が、催眠を目的としているだけでは、大した意味がないのだ。

不眠症で悩んでいる人は、この術をかけてもらうと、しばらくゆっくり眠ることができるかも知れない。

不眠も、諸病の原因になるので、不眠解消は重要なことだ。

そこで、この術を利用して、精神症の治療や心の深い所にある深層心理、心の中にひそむ潜在意識を引き出したりする。

これを、催眠療法というが、アメリカの精神科医ブライアン・Ｌ・ワイスが書いた『前世療法―米国精神科医が体験した輪廻転生の神秘』（ＰＨＰ文庫）という本は、ちょっとおもしろい。

本によると、ブライアン医師は27歳のキャサリンという女性を、患者として担当することになった。

キャサリンは、最初はノドのできもののことで、病院へ行くようになったのだが、できものそれ自体と手術、その後の治療などの不安と恐怖がもとで、精神疾患になっていた。

ブライアン医師は、その治療のために催眠療法を用いて、彼女に様々なことを問診したのだが、その過程に於いて彼女の話は意外な方向に進んだ。

彼女は、催眠中に《前世の記憶》についてしゃべり、生死を繰り返したこともしゃべった。

これらの供述をまとめたものが、この本なのだが、問題は供述の信憑性だ。

日本でも、「母親のお腹の中にいる時の記憶がある」という人がいる。

これは、自分という肉体が形成された後の話なので、初めからウソと決めつけることはむずかしい。

ところが、前世の記憶は今の自分が生まれる前の話なので、「ウソやろ」と言われる可能性が高い。

一番の問題は、その話（供述）を「ウソではなく本当だ」と立証することができない点だ。

立証できれば、「人間は生死を繰り返す」というチベット密教の輪廻（りんね）思想が、正しい仏法となる。

人間が、生死を繰り返すことを輪廻と言うが、ほとんどの人は、前世の記憶がないために、自分が生死を繰り返したとは思っていないし、それがあたりまえになっている。

よく、「人生は一度」とか「一度限りの人生」と言うが、私たちは、特に抵抗もなく聞いている。

結局のところ、２０１９年現在では、人間が生死を繰り返しているかどうかは不明だ。

尚、前世の記憶を「前生」の記憶と書いても、その意味はほとんど同様だ。

前世（前生）の記憶と宗教とは、特に関係はない。信仰を持っている人でも、現世の記憶しかない人もいれば、信仰を持たない人でも前世の記憶がある人がいる。

その逆もある。要するに、前世も現世も「この世」の話であって「あの世」の話ではないからだ。

前世で生きた後、死んでからどこでどうしていたのか、それが一番大事な話なのだ。

そこのところを、話してくれる人がいないので、前世の記憶は人々に評価されないだけでなく、私たちが一番知りたい「あの世」の話も聞くことができない。

第6章　非科学の認知

宗教の権威

新約聖書の福音書に、「最初の奇跡」と題して「イエスと弟子たちも招かれたが、ガリラヤのカナでの婚礼でイエスは6つの水がめに入った水をぶどう酒にかえる」と記している。

さらに、同書にはたくさんのイエスの奇跡が記されている。

一方、仏教の始祖であるお釈迦さまは、その誕生の時、その母、摩耶(マーヤー)が立ち寄って休憩したルンビニー園で、「アショーカ樹を手折ろうとした時に、右脇腹より釈迦が誕生」と伝えている。

さらに、釈迦は「生まれてすぐ七歩歩き、右手で天を指し、左手で地を指して天上天下唯我独尊と言った」と伝えられている。

私が思うに、このような話は本人が偉大ということを言いたいために、そして宗教の権威を上げるために、後世に信者がつくったものだろう。

しかし、このようなウソのような話が、はたして宗教のためになるのかどうか、私は大きな疑問を持っている。

私は、100%ではないが信仰を持っている人間だが、信仰に疑問を持っている人は、このような話にもちろん疑問を持っているだろう。

科学万能主義の人は、つまり信仰を持たない人は、このような話を聞くと、おそらく笑うだけだろう。

イエスの話にしろ釈迦の話にしろ、「信じるのが宗教だ」と言えば、そうかも知れないが、それじゃ、「宗教と科学と、どちらを信じるのか」と言えば、私は科学のほうをより信じる人間である。

宗教において、「おかしいなあ」と思う点があれば、それを科学的な理論でもって切り崩すことを考える人間である。

とは言え、科学的に説明できないことでも、言ったりしたりするのが宗教の特徴であるので、科学的でないからと言って、全面的に否定することは宗教を否定することになる。

妖怪

『なぜ人はニセ科学を信じるのか』（早川書房）という本の著者であるマイクル・シャーマーも、本の中で書いているのだが、世の人々は、およそ有り得ないものを望んで好む傾向がある。

妖怪もその一つだが、私はよその人に「なんで、有り得ないものを好むのか」と聞いたことがあるが、返答は「人間には、無いものを求める欲望がある」ということだった。

そう言えば、人は幽霊は存在するため嫌うが、妖怪は存在しないので好きなのかも知れない。魔法も、私の研究内においては存在しないのだが、無いものを人は求めるので、『ハリー・ポッター』のような本が売れる。

余談だが、芥川賞や直木賞のような純文学や大衆文芸作品は売れるが、ノーベル賞を取った科学者の書いた、ゲノムや遺伝子やｉＰＳ細胞などに関する本は、そんなに売れない。「前者は文学で後者は科学だ。分野が違う」と言えばそれまでだが、言えることは、むずかしい本は売れないということだ。

さて、妖怪とは、人間の理解を超える奇怪な現象やそれらを起こす不思議な力を持つ存在のことだ。

これは、漫画の主人公のようにつくり出したものではなく、人々が、日々の生活の中で感じとったものだ。

確かに、私のどうしようもない悪妻を見ていると、「この女は妖怪かなあ」と思うことがある。

日本では、その歴史は古く、学説によると『古事記』などにその記述がある。

特に、『風土記』は全国各地で『〇〇風土記』というものが書かれ（〇〇には各地の地名が入るわけだが）、その記述が多い。

歴史学者の江馬務（１８８４年～１９７９年）は、妖怪を学問的に分類した人物で、それぐらいその種類と数が多いことがわかる。

数ある妖怪の中で、一番重要なのは鬼(おに)である。

『鬼がつくった国・日本』小松和彦・内藤正敏著（光文社文庫）という本を読むと、鬼が日本の歴史と文化に深く関わって来たことがわかる。

鬼は、日本を代表する妖怪だ。

私たちは、子供の時に昔話を元にした絵本を見る。代表的なのが、桃から生まれた桃太郎が、犬と猿と雉(きじ)をつれて、鬼ヶ島へ鬼退治に行く話である。

もちろん、昔話なので桃太郎も実在しないし、鬼ヶ島も実在しないが、鬼は妖怪として存在する。

日本人に一番なじみのあるのは、毎年「節分の日」に面をつけた鬼役の人に、「鬼は外」と言って豆を投げる行事だ。

福の神を家へ入れて、鬼を家の外へ出すということの行事は、一年間の幸福を招く行事として、重要視されているが、個々の思想や人生観でしない人もいる。

仏教で、死後の世界として六道(りくどう)という思想がある。具体的には、仏、人間、修羅、地獄、餓鬼、畜生の六つの世界だ。

この中で、餓鬼と言うのがあるが、そもそもこの世界は、いつも飢えと渇きに苦しむ所だ。

この世界へ落ちて行った者も、餓鬼と言う。

つまり、仏教にも独自の鬼がいるのだが、この場合はあの世の話になっている。

先に書いたが、妖怪の歴史は古く、宝亀８（７７７）年『続日本記』には、「大祓、宮中にしきりに妖怪あるためなり」と記されている。

近代は、漫画家の水木しげる（１９２２年〜２０１５年）が、『ゲゲゲの鬼太郎』という妖怪漫画作品を発表し、多くの人から人気を博した。

西洋では、妖精（フェアリー）というのがある。

これは、西洋の伝説などで語られる精霊のことで、草木や動物などすべてのものに宿っていると考えられている。

ヨーロッパ諸国では、イギリスがその数が多くて、ピクシーなど40にものぼる。

私は、不勉強で申し訳ないが。キリスト教における人の霊と、妖精への思いと、どう違うのかよくわからない。

確かに言えることは、日本の妖怪も西洋の妖精も、現実の世界では実在しないということだ。

六曜

六曜とは、先勝、友引、先負、仏滅、大安、赤口の六つのことだ。

これは、一説によると中国で生まれた思想で、鎌倉時代以降に日本に入ってきたという。

これを、日本の神道が採り入れたようだが、そもそも宗教なのかそうでないのか、よくわからない点がある。

日本は、神道だけだったが、仏教の伝来（552年と538年の二説ある）後は神と仏を二つ祀るようになった。

これを、神仏習合と言うが、そのために日本人は六曜を日本の宗教と思っている人がいる。

さて、この中で「友引」について少し書いてみる。

友引とは、「ともびき」と読む。「何をしても勝敗がつかない日」、「凶禍や厄事が友人に及ぶ、影響がある方角」という二つの意味に加え「友を引く」という意味もあるようだ。つまり「不幸事が友人にも及ぶかもしれない」ということで、忌み嫌われているようだ。

それゆえ、お葬式は、この日を避けるようにする習慣が今も残っている。この日にする場合は、お棺に人形を入れたりする。

六曜は、仏教でないので仏教徒は気にしなくてよいのだが、死ぬのが恐いのか、こういうことに熱心な人は多い。

一方、大安は何をしてもすべて吉となる日ということだ。

だから、この日に結婚式をあげる人も多いが、年間15万組も離婚している。

仏滅は、万事が凶とされる日だが、気にせず冠婚葬祭をする人が出てきた。

しかし、六曜を信じるも信じないも、自由は尊重しなければならないのは言うまでもない。

名言の真偽

昔から、神仏を崇拝しないのはともかくとして、これに反抗するような悪事をした場合は、「バチが当たるよ」と言う。決して「罰(ばつ)が当たるよ」とは言わない。

例えば、仏像を盗んだり破損したりすると、「仏罰(ぶつばち)が当たるよ」と人々は言ったりする。

この場合、今風に言うと窃盗罪や器物損壊罪になるが、家のお位牌を捨てた場合でも、「仏罰が当たるよ」と人々は言う。しかし、確実に当たるかどうかは不明だ。

近年、電車の中などにわざと遺骨を置いていく人が増えていると聞く。

それは、遺骨の忘れ物が多いので、意図的だということがわかるわけだ。

しかし、仏罰が当たるかどうかは不明だ。

常識的に考えると、自分で「悪いことをしている」という感情はあるはずだ。

先に、鬼のことを書いたが、「来年のことを言うと鬼が笑う」と言う言葉がある。

意味は、来年のことはわかりにくいから、鬼でも笑うかも知れないということだ。

意味合いは理解できるが、どうして鬼なのかよくわからない。来年の干支に当たる動物の名前でもよいはずだ。

そもそも、鬼が笑うのかという問題もあるが、一応、社会で認知されている言葉になっている。

いつ頃から言っているのか定かでないが、「信じる者は救われる」と言う。

主に、宗教について語る時に出てくる言葉だが、時々は他のことでも使うこともある。

しかし、金集めのニセ宗教に入信させられて、たくさんお金を取られた人も多い。

悪い人のおかげで、人が人を信用しない社会ができるのも、悲しいことだ。

詐欺事件も多い社会だが、宗教にあって「信じる者は救われない」ことがあってはならない。

さて、この言葉に含まれる意味合いがむずかしい。

特に、「救われる」は、生活が良くなることなのか、心が豊かになることなのか、精神が強くなることなのか。

世の中には、様々なことで悩んでいる人たちは多い。自殺する人もいる。

人を救うのは、ものすごく大変なことで、この言葉を簡単に口にすることは、やめたほうがよい。

「鰯の頭も信心から」という言葉がある。

鰯の頭のような、しょうもない物でも信仰の対象になると、ありがたいと思うようになる、という意味だ。

節分の日に、鰯の頭を柊の枝に刺して家の出入り口の上につけて、魔除けにする人たちがあり、そこから来たのかも知れない。

ところで、私は「何でも信仰の対象になる」とは思わない。信仰も、宗教と言えるほどになるには、それなりの教義（教理）がないといけない。

この言葉は、他の意味もあるようで、「しょうもない物でも、ある人にとっては大事な物だ」と。

ちなみに、ここで四つの言葉を採り上げたが、これらが名言と言えるのかどうか、むずかしいところだ。

第7章　宗教と医学

古代の医学

人類が、〇〇文明というような、一定のルールと秩序を保持した「社会」を形成した文明下では、初歩の薬学と簡単な医学を有する文化水準にあった。

だが、その以前の時代、人間が狩猟と農耕を中心としていた頃は、薬もなく、人体についての知識も少なく、医術もなく、人々がケガや病気になると、早く死んでしまったであろうことは、容易に推察できる。

さて、医学の「医」とは、武器の矢を入れる器のことで、もともとの、画数の多いむずかしい漢字（醫）とでは、意味がまったく違うのだ（文部省の当用漢字の適用により、医という略字を使用することに）。

その、もともとの旧字には、「酒」とか「癒す」とか「巫女」とかの意味があり、「いがく」とは酒の学、癒す学、ということだった（酒つぼに漬け込んだ薬酒を使って病気を治す人）。

確かに、人類が宗教を持った頃には、病気は悪霊の仕業と考えられていたし、神に祈ったり、まじないや呪術で治そうとしていた。

酒をつくった種族は、病気によっては酒で治そうとした。「酒は百薬の長」というのは、的を射ている場合もある。

世界のあちこちの、○○文明というところでは、人間のケガと病気に対して、薬と医を探求する人たちがいた。

例えば、古代エジプト文明においては、宗教的な祈りや呪術で病気を治そうとしたが、同時に一方では、薬と医による治療もやっていた。

古代ギリシャ文明においては、とにかく神さまの多い多神教で、多くの「ギリシャ神話」がつくられた。

病気については、一説によると「病気になるも神の仕業、治るも神の仕業」と考えられていた。濱田篤郎の『旅と病の三千年史─旅行医学から見た世界地図』（文春新書）という本によると、紀元前４３０年頃、エチオピアから疫病がギリシャに到来した。

当時、ギリシャには各国から貿易の商人が往来していたが、２年ほどで10万人も死んだという内容のことが書いてある。

ギリシャ神話に登場する男神・アポローン（アポロン）は、芸術の神として名高いが、さらに重要なことは、この神は病を引き起こして人を死に至らせる神であり、病を治す治療神でもある。

このような真逆の性格を有する神は、インドのヒンドゥー教のシヴァ神がそうで、この神は、災難と恩恵とをもたらす。

紀元前４６０年頃～同３７０年頃、エーゲ海のコス島で生まれたヒポクラテスは、古代ギリシャの医学者で、「医聖」と呼ばれた偉大なる人物だった。

彼は、医学を迷信や呪術から切り離し、臨床と観察を重んじる経験科学へ導いた人だ。

病気は、神の仕業ではなく、また神が与えた罰でもなく、自然に発生するものだと考えた、世界で最初の人物だ。

私は思う。

紀元前の時代に、このような近代近年の考え方をしていた人物が出現したことが、大きな驚きであると同時に、彼こそが、まさに1000年に一度の偉人であろう。

それに比べて、中世ヨーロッパのキリスト教団の神職は、低能（低脳）な人間ばかりだ。

誰かに殺されても、「真理を求め、真理を曲げない」人こそが偉人なのだ。

紀元前2600年頃から興ったインダス文明（古代インド文明）は、同1800年頃に滅亡した。

その後、同1500年頃アーリヤ（アーリア）民族が、インド大陸の北西部に侵入し、支配していった。

アーリヤ人は、現代の中東地域に住んでいた民族で、宗教はマズダー教（ゾロアスター教）だが、インドにおいてバラモン教を創成する（その後、四つの宗教が誕生する）。

紀元前1000年頃から同500年頃の間に、『ヴェーダ』と称する宗教書がつくられた。

有名な『リグ・ヴェーダ』はその内の一つだ。

一方、医学書としては、インド大陸の伝統的な医学を説く『アーユルヴェーダ』がつくられた。

この書は、病気を治すというよりも、病気にかからないようにするための《健康法》を説く予防医学の特徴を有している。

人間を、心と体と行動と環境の四つの視点から論じ、人体を、血液と粘液と黄胆汁と黒胆汁の四体液説で論じている。

また、体質をやせ型・中肉型・肥満型で分類して、火性・水性・土性・風性（四元素）で論じている。

すべての生物は、運動エネルギー（風）と変換エネルギー（熱）と総合エネルギー（液）を持ち、生理機能を支配すると論じているが、これをトリ・ドーシャ理論という。

そして、このアーユルヴェーダは、後にチベットの医学に大きな影響を与える。

ネパールで誕生されたお釈迦さまは、インドで悟りを開き、同国で逝去された。そのお釈迦さまの、説いた教えはもちろん仏教なのだが、それを基にして、後世長い年月をかけて形成されて行き、レベルの高い仏教が成立した。

この仏教を、「大乗仏教」と言うが、インド大乗仏教はヒマラヤ山脈を越えて、チベットに伝えられた。

チベットは、7世紀の吐蕃（とばん）王朝が始まりで、中国とは地理的場所も民族も違う一つの国家だった。

そのチベットでは、「医道即仏道」というのが医学の基本的な考え方であった。欲望は、病気の原因になるということだ。

例えば、「酒は飲むな。肉は食べるな」というような戒律は、健康に過ごせるわけだが、現代医学では「酒は少し、肉も少し」摂取すると、健康に過ごせることがわかっている。

チベット医学では、舌の状態と脈診を重視しているのだが、精神に関する病（やまい）については、特に深い洞察がある。

施薬については、ほとんどが漢方（薬草など）を処方した。医師は、ほとんどが仏教の僧侶で、僧医と呼ばれた。

このチベット医学は、さらに中国（長い歴史の中で、次々と国名は変わった）に伝わり、さらなる進歩をとげる。

中国医学の特徴は、「気」を重視する。

中医で言うところの気は、「気持ち（心）」の気、地球をおおう「大気」の気、「人の気配」というように、言葉で説明がむずかしい気など、深いものがある。

目に見えないが、人が感じる不思議な力、あるいは人のエネルギーとなる力を気と言う。

中医では、さらに「鍼灸」によって整体をしたり、病気を治そうとした。

鍼は、針治療のことで、灸は、やいと（はり療法とともに東洋医学の重要な物理療法）のことだが、これらができたのは、人体をよく研究し、人体をよく理解しているためだ。

そして、人体の「つぼ」を発見したことが大きい。

つぼとは、人体の表面の特定点のことで、ここを刺激して、体内の異常を正常にしようとする。

私は思う。

アーユルヴェーダも、チベット医学も、中医も、現代医学から見ればレベルの低いものであるけれども、それぞれに独自の考えがあり、西洋医学にはない発想と見解は、非常にユニークだ。

医師を志す若者諸君は、これらを総合して言うところの「東洋医学」も勉強して、幅の広い洞察の深い名医になっていただきたい。

宗教と医学

世界のあちこちで、○○文明が発生する以前は、すでに書いたように、人間が病気やケガになった時は、神に祈ったり、病人に呪術を施したりして、治ることを願っていたことが多い。

病気は悪霊の仕業だとする民族もいたので、おそらく司祭や村長が悪霊祓いをしたことだろう。

つまり、医学がない時代ほど、宗教で病気やケガを治そうとしていたのだ。

すでに書いたように、チベットでは医道即仏道だったから、病人は「仏教を守ると治る」ということだ。

確かに、仏道を学んでいる者は、病気になりにくい。どの国でも、仏教僧は元気で長寿な人がたくさんいる。

そもそも、お釈迦さまは人生を生老病死と説き、これを四苦と見た場合は宗教になるが、人体の現象と見た場合は医学だ。

さらに、病気の原因は「三毒」にあると説き、貪（とん）これは欲望、瞋（じん）これは怒り、痴（ち）これは無知で、これらは良くないと説いている。

仏教医学は、前述のアーユルヴェーダと同じく予防医学の部分が大きくて、具体的な治療は、施薬が中心だった。しかし、手術は、まったくなかったこともなかった。

世界で初めて人体解剖が行われたのは、11世紀に創立されたイタリアの旧ボローニャ大学ということだが、古代インドでは、お釈迦さまの時代に、ジーヴァカ（耆婆・ぎば）という医師がメスを使用して手術したという話がある。

さて、古代日本では、宗教と言えば神道しかなかったので、人間が病気になったりケガをした時は、まじないや呪術はあっただろうが、神に祈るしかなかった。

仏教が伝来（５３８年）した後は、チベット仏教の流れを汲む密教を、弘法大師が唐から学んで日本へ持ち帰り、大同５年（８１０年）に鎮護国家のために祈祷を行った。

密教における加持祈祷は、国家安泰だけでなく病気平癒や気候の正常化など、多種に渡る。

祈祷は、「邪教だ」という意見は多い。

しかし、大昔は祈ることしかできなかった。人々は、病人やケガ人のために真剣に祈ったわけだ。

それを、人道上「悪い、良くない」と言えるのか。

私は、「言えない」と思う。

そして、そのことをずっと現代まで続けているだけのことで、現代の高度な医学時代に、突然始めたものではないのだ。

病人に対する治療は、祈祷の他には施薬があった。

すでに奈良時代に、四天王寺や法隆寺には施薬院があったが、これは、聖徳太子が仏教の精神に基づいて、境内で薬草を栽培し、病人やケガ人のために薬を施した施設だ。

中野操の『大坂名医伝』（思文閣出版）という本によると、宝暦４年（１７５４年）２月７日、京都の山脇東洋（１７０６年～１７６２年）が、我が国最初の人体解剖を行った、と書いてある。

使用した人体は、死刑囚の男性ということだ。

日本人は、死体を大事にするという特徴を持った民族で、例え死刑囚と言えども、死体を切り刻むようなことは、遺族が反対する。

１９８５年、日本航空（ＪＡＬ）のボーイング７４７型機が、羽田空港を離陸して間もなく操縦不能となり、群馬県の御巣鷹山に墜落、乗客乗員５２０名が死亡する事故があった。

死亡した人の多くは、強い衝撃で手や足を失ったが、遺族は捜索隊に「手や足がないと、あの世でも不自由でしょうから」とお願いしたようだ。死体を大事にする点は、現代でも同じだ。

このお話は、関係のない私も涙したが、無宗教と言われる今の時代でも、「生きている人は、死者のためにあの世での幸福を願っているなあ」と、私は感じていた。

人間は、肉体は滅んでも霊魂は不滅というのが、日本の神道や仏教の考え方だが、死体を切り刻むことをしないのは、怨霊を恐れたからだろう。

日本では、古代から医学者が少ないということもあったが、以上のような状況から、人体解剖をする人が中々いなかったのだろう。

そのため、当然ながら人体に関する知識も少ないし、手術という医療技術もスタートが遅れることとなった。

その手術に、欠かせないものが麻酔だ。

南アメリカの古代インカ文明では、すでにコカと酒を用いて、穿頭術（頭に穴をあける）が行われていた。

中国では、後漢の時代に医師の華陀が、麻沸散という麻酔薬をつくった。

日本では、江戸時代に医学者の華岡青洲（１７６０年～１８３５年）が、鳥兜（とりかぶと）など６種類の薬草に、麻酔の効力があることを突き止めた。

彼の実母と妻が、自ら実験台を申し出て、その結果妻が失明した話はとても有名で、まさに感動の実話だ。

このように、宗教が、そして仏教が医療に貢献してきたことは明白な事実だ。

しかし、現代の高度な医学と医療技術などに、宗教が、特に仏教が関わることは減少していくと、私は予想している。

一方、医学倫理や患者の精神的支援に、仏教などが関わり続けないと、怖いことが起こる所まで、医学は進歩している。

もちろん、医学界の暴走を防ぐには、法律の力が必要なことは言うまでもない。

神の領域

テレビで時代劇などを見ていると、夫婦で「子供ができますように」とか「男の子ができますように」とか、神仏に祈っている姿が出てくる（ここで言う神仏は、個々に信仰する神さまや仏さまであって、特定の神仏を示すものではない）。

昔は、子供ができるのかどうか、また、生まれてくる子供が男なのか女なのかは、神仏に任せるしかなかった。

信仰のある人もない人も、とにかく「自然の流れ」に任せるのがごく普通のことだった。

ところが、１９７８年にイギリスのケンブリッジ大学の生理学教室が、Ｒ・Ｇ・エドワーズ医師の協力のもと、世界初の試験管ベビーを生み出した。

これは、試験管内で卵巣（女性）と精子（男性）を混ぜて、時間がたって経過を見ながら母親の子宮に入れるものだ。

こうして、中々子供ができない夫婦が、子供が持てるようになった。

さらに、一方ではＤＮＡの研究も進んだ。

１９９６年、イギリスのロスリン研究所で、雌羊の成体細胞を使って、クローン羊「ドリー」が誕生した。

メスの成羊の乳腺から「核」を取り出し、他の雌羊の核を取り除いた卵子にその核を移植し、増殖分裂したものを、別の雌羊の子宮に入れ、つまり人工妊娠させて、生まれたのがドリーなのだ。

日本では、１９９８年に近畿大学農学部が石川県畜産総合センターの協力により、クローン牛「のと」と「かが」が誕生した。

クローン技術は、顔も形も色もまったく同じ動物をつくることができる。

そして、次の段階では顔も形も色もまったく同じ人間を、一過程ではあるが、つくろうとしている。

というよりも、もうすでにつくることができるレベルに達しているのだ。

これに対し、世界的には科学を重視して科学万能主義の風が吹いているにもかかわらず、アメリカのクローン技術規制法のように、世界的にクローンは反対する方向となった。

もちろん、クローン技術の中には、医療に役立つものもあって、すべてを否定することはできないわけだが、日本では２０００年に「クローン技術規制法」ができて、クローンは禁止されている。

問題は、なぜ禁止にするかだ。

これは、試験管ベビーと同じく、「生命倫理」がどうなのかという点だ。

クローンは、人工的で自然でないことは確かだ。

自然でないということは、神仏を信仰する人から見れば、「神の領域」に踏み込んでは良くないということだ。

しかし、また問題があって、「どこまでなら人間ができるの」、「どこから人間が立ち入るといけないの」、という線引きがある。

実際、「人間の仕事はこれ、神の仕事はこれ」と言える人は、とても少ない。

無神論者は、「生命工学はすべてＯＫ」という人が出るだろう。

私たちは、「なぜ良いの、なぜ悪いの」という解答が非常にむずかしい時代に突入したのだ。

ホスピス

ホスピスとは、主に終末期に近づいているガン患者らを受け入れ、安らかに死を迎えてもらうための緩和ケア施設。

キリスト教系の施設は多かったが、現在では仏教系や宗教全般を採り入れる所がある。

重要なのは、患者を精神的に支えるところにあり、肉体的な痛みを和らげる（ペインクリニック）ことが中心となるが、医師も1名、看護師は患者数の半分ぐらい必要になる。

そのため、ホスピスだけ経営するのは、中々むずかしい点があり、大病院との併設の所が多い。

日常の生活は、暗くなりがちのため、「お笑い」を採り入れる所もあり、芸人を呼ぶ所もある。

笑いは、病人にとって「とても良い」ということがわかってきて、病気の進行を遅らすこともわかっている。

近年、「臨床宗教士」なる人たちが患者とお話をして、心の支えとなるように努力している。

基本的には、日常のありふれた話や世間話をして、宗教の話はしない。

患者が、信仰の話をすればその話のお相手をして、患者が「あの世」に関する話をすれば、あの世の話もする。

繰り返しになるが、患者が安らかに旅立つようにするのが、一番重要なのだ。

第8章　未知なる世界

この本で書いたように、小さい〝未知なる世界〟はたくさんある。

魔法がその一つだ。

魔法は、あるのか。それとも、ないのか。未だによくわからない。

大きな〝未知なる世界〟は二つある。

一つは、自然界だ。この世界は分野が広い。動物・植物はもちろんのこと、地球の内部から宇宙の果てまで、わからないことが多い。

特に、この世の始まりは、いつどうしてできたのか、よくわかっていない。

さて、『おもしろい宇宙』（栭出版社）という本によると、「約138億年前に始まりました」と書いてある。

さらに、「陽子と中性子からヘリウムが生まれ、陽子と電子が結合して、中性水素原子となることで宇宙が晴れ上がり、最初の天体が生まれました」と書いてある。

正直、私のようなバカには、何のことだかよくわからないのだが、ハッブル望遠鏡が、地球よりはるかかなたのヘリウムから新星が誕生する瞬間を観測し、写真撮影している。

同書には、「でも、どうやってできたのかはわかっていません」と書いてある。

確かに、わからないことが多い。

そもそも、陽子とか中性子とか、「何で存在するの」という話だ。「何で存在する、誰がつくったの」という話だ。

何もないところから、星は生まれない。星となる材料があること自体が不思議なことだ。私たちが住む太陽系の星々も、そもそもその星の元になる材料（物体）が何であるのか、つきとめないと科学とは言えない。

私は思う。

「一番知りたいことが、わからないのだ。未知のまま」なのだ。

ところが、この太陽系に関して言えば、「約50億年以内に消滅する」ことは確実なのだそうだ。

これは、地球よりはるかかなたの星を観測し、星が膨張し、やがて大爆発を起こして消滅する姿を観測した結果、上記のような結論になっている。

星の誕生はよくわからないが、消滅することははっきりとわかっている状況だ。

「50億年」と言えば、人によれば「永久ですな」と言うが、これは当たらずとも遠からずだ。

人は、約１００年ぐらいしか生きられないわけで、それが10回来て１０００年。１０００年が10回来てやっと1万年で、１億年にはまだほど遠い。

大乗仏教の要旨を書いてある「摩訶般若波羅蜜多心経」という経典がある。

玄奘三蔵（６０２年～６６４年）が漢訳したものが一番有名だが、他者が訳したものも多数ある。

この経典の中で「色即是空　空即是色」を説いている。

つまり、色は即ち是れ空なり、空は即ち是れ色なりと読むが、色と空の意味が広い。

一般に、仏教では「空」と「無」がわかれば、覚者（真理を体得した人）と言えるが、言葉の意味が広くて深く、理解するのに難解なところがある。

ここでは、「物質はやがて消滅する」ぐらいに解釈するとよいだろう。

仏教思想の中心となる三つの基本的な教えは、「三法印」と言い諸行無常・諸法無我・涅槃寂静がそれだ。

その内、諸行無常（しょぎょうむじょう）は、諸々の行いは常でないといい、意味は、世の中は日々刻々と変化して同じことはない、ということだ。

私たちが、毎日学校へ通っているとしても、毎日、教えてもらうところも違うし、覚えることと考えることも違う。

太陽の活動も、地球の気象も気候も、日々刻々と変化している。

よって、太陽にも最後の日は来るわけだ。

余談になるが、私が思うに太陽が50億年続くよりも、人類が色々な物をつくったり、核実験のように地球によくないと思われることを色々やることによって、また人口や自動車の激増による環境の悪化などによって、人類が地球を滅ぼす可能性のほうが高いように感じる。

今後、人類が手を打つのが遅いと、近い将来において、人類の生存が困難になるのではないかと危惧する。

今、日本では夏に気温が40度を超える所が出てきて、これも結構怖い話ではあるが、さらに怖いのは、海水の温度が上がって魚が減り、海水の温度が下がらなくなってきた時だ。

海水の温度が上昇し、下がらなくなった時、人類の「死」は近いと言えるだろう。

だが残念なことに、この地球の温暖化阻止に強い関心を持っているのは、私一人ぐらいしかいないのではないかとさえ、思える。

テレビを見ていても、「今日は38度ぐらいになるでしょう。熱中症に注意してください」と、のんきなことを言っている人ばかりだ。

「もうすぐ40度だ。これは何とかしないといけない」と危機感を持って行動する人はいないばかりか、テレビで言う人もいない。

私は、気温が上昇しない方法を色々知っているが、「気温を下げるようにしよう」と、行動を起こす人も出ない。

逆に聞きたいが、「じゃあ、何度になったら行動するの？」と。

話を元へ戻そう。

もう一つの未知なる世界、それは死後の世界だ。

「死」は、万人にやってくる。何人も、これを免れることはできない。

どこの国でもそうだろうが、現在生きている人間よりも、過去に死んでいった人間のほうがはるかに多い。

しかしながら、その後の世界があるのかないのか。あるとすれば、どういう世界なのか、知る人はいない。

仏教僧の中に「僧は死の専門家」という人がいたが、私は「それは違うだろう」と言いたい。一度も死んだことない人が、死の専門家というはおこがましいのではないか。

それを言うなら、死についての研究家と言うほうが、適当ではないかと。

死は、それほど大事（おおごと）なのだ。

なんせ、これで人生が終わるだけでなく、生きてる者が誰一人経験したことのないこと（死）を経験するわけだ。

そうした意味では、死者は偉大なのだ。

では、死とは何なのか。

医学がほとんどなかった時代は、おそらくその当時の常識によって、例えば、動かない・息がない・心臓が止まっているというような状態を見て、死んだと判断していたのだろう。

死の判定をする人がいたとすれば、その地域の司祭や神職や僧といった宗教者であっただろう。

医学が定着した時代にあっては、

（1）呼吸の停止

（2）心拍の停止

（３）瞳孔が開く
この三つが、死の判定の基礎になっているが、さらに、
（４）体温がない
（５）血圧がない
この二つが、死の判定の大きな基準となっている。

近代医学界において、臓器移植をするようになってから「脳死」、つまり脳が死んだ場合は、その人も死んだとする見解が定められ、「脳死は人の死」と定義された。

死の定義もさることながら、私の知りたいのは、人が死を迎えたまさにその瞬間に、その人は医学的にどうなのかという問題だ。

養老孟司の『死の壁』（新潮社）という本には、「死の恐怖は存在しない」と題して「自分にとって死はない」と書いている。

自分にとってとは、養老さんにとってではなくて、死んでいく人にとってという意味だ。

死んでいく人にとって死はないとは、いかにも本当のようだが、中々立証する方法がないし、「そうでない」という見解も残る。

この問題とは別に、医学的に（科学的に）死んでいく人の体の状態はどうなのか、というのが重要な問題と私は考えている。

死を迎えた瞬間の体の状態は、例えば熟睡の時のような感じなのか、または手術の時に全身

麻酔した時のような状態なのか。

人が、自分の死を認識できるのかどうかは、今は未知の世界だ。

死の後は、つまり死後は医学の世界から宗教の世界へ移るが、無神論者（無宗教）にとっては、死をもってすべては終わる。

死後の世界も、また未知なる世界だ。

信仰を持っていて死んだ人は、すべて「あの世」へ行くのだが、その実体を知っている人はいない。

海や川で溺れて、助かった人の中には、「あの世を見た」という人がいる。

これを「臨死体験」と言う。

この人たちの言うことは、「ウソはついていない」というのが大前提となるが、ウソでないにしても体の一部分が生存している可能性があり、完全に死んだかどうかは疑問だ。

脳卒中や心臓病で倒れた人も、同じことが言える。

ここで、問題になるのが「回復力」だ。

水で溺れた人も、病気で倒れた人も、「死んだかなあ」と思われた人でも適切な措置によって、生き返ることがある。

古い時代劇を見ても、お棺から起き上がる人がいて、生き返るのは大昔からあったようだ。

いわば、医学が未発達の時代の誤診である。

それで、死後24時間は死体を安置する、という法律があるわけだ。

さて、宗教者は「神の世界へ」とか「仏の世界へ」とか言うけれども、これはもちろん、宗教者があの世へ行って見てきたわけではなく、あくまでも頭で考えた世界なのだ。

生きてる人間の願いというか、願望もあるだろう。

あの世は、「こうあってほしい」という願い、仏教の地獄・極楽などは、その最たるものかも知れない。

日本では、「地獄絵図」があって、悪いことをすると「地獄へ行くよ」と言ったりしたが、私は、信仰の有無にかかわらず教育上とてもよいと思うけれども、だんだんと言う人も減少している。

極楽の絵図もあるが、例えば「彌陀（阿弥陀）の来迎図」は、仏さまのお姿と極楽の情景があるだけだ。

要するに、詳しい様子、具体的な状況が見えて来ないし、経典にも詳細な説明はない。

宗教は、頭で考えた世界だが、「だから悪い」とは、私は思わない。

もちろん、体で感じたところもあるだろうが、あの世に関しては、これを考えたり思ったりする人間は、ずっとこの世に生存しながら、あの世のことを書いてきた。

お釈迦さまは、あの世のことは一言も語らずに、80歳の生涯を終えた。

仏教の経典は、お釈迦さまが語られた内容を、滅後数十年も経ってから出家者（僧）たちが書き始めたものだ。

そして、あの世のことを色々と書き始めたのは、滅後数百年も経ってからだ。

あの世のことを書いた人は、一度も死んだことのない「この世」にいる人ばっかりなのだ。

それを、私は「悪いこと」とは思わないのは、先に述べた通りだ。

しかし、信じるか信じないかは、人々の自由だ。

「あの世」は未知なる世界なのだ。

本書の執筆にあたり、間違いがないように知識の整理として、以下を参照し、引用した。

（１）ブリタニカ国際大百科事典

（２）ウィキペディアフリー百科事典

参考文献

Ａ・Ｄ・ホワイト『科学と宗教との闘争』（岩波書店）
福知怜『ダ・ヴィンチの暗号99の謎』（二見書房）
小松和彦、内藤正敏『鬼がつくった国・日本―歴史を動かしてきた「闇」の力とは』（光文社）
梅原猛『神と怨霊―思うままに』（文藝春秋）
ブライアン・Ｌ・ワイス『前世療法―米国精神科医が体験した輪廻転生の神秘前世稜法』（ＰＨＰ研究所）
マイクル・シャーマー『なぜ人はニセ科学を信じるのか』（早川書房）
濱田篤郎『旅と病の三千年史―旅行医学から見た世界地図』（文藝春秋）
中野操『大坂名医伝』（思文閣出版）
『おもしろい宇宙』（栅出版社）
養老孟司『死の壁』（新潮社）

井上　隆雅（いのうえ・たかまさ）

昭和 26 年　大阪府堺市生まれ。
昭和 48 年　種智院大学仏教学部卒。
昭和 59 年　華道・嵯峨御流正教授。
昭和 60 年　茶道・裏千家地方講師。
平成 5 年　堺 BBS 会々長。
平成 7 年　日本 BBS 連盟会長賞。
平成 20 年　十輪院住職。
平成 29 年　囲碁アマ 6 段（日本棋院公認）。
趣味　旅行。
著書　『世界はあなたを待っている（Ⅰ）』
『世界はあなたを待っている（Ⅱ）』以上、TST 出版
『蓮の心』堺ジャーナル社

表紙カバー絵：タイトル「銀河と桜」
画：宮園 苺（みやぞの・いちご）
神奈川県相模原市出身。東京都渋谷区在住。
海外 31 ヶ国遊学。豊かな国際感覚で毎日創作活動を続けている。
グループ展や個展などは、20 回以上に及ぶ。

未知なる世界

2019 年 4 月 13 日　第 1 刷発行

著　者　井上隆雅
発行人　大杉　剛
発行所　株式会社 風詠社
〒 553-0001 大阪市福島区海老江 5-2-2
大拓ビル 5 - 7 階
Tel 06（6136）8657　http://fueisha.com/
発売元　株式会社 星雲社
〒 112-0005 東京都文京区水道 1-3-30
Tel 03（3868）3275
装幀　2 DAY
印刷・製本　シナノ印刷株式会社

ISBN978-4-434-25772-8 C0095